# Eine Prise Süden

Annemarie Wildeisen

# Eine Prise Süden

AT Verlag

AT Verlag, Baden und München
Fotos: Andreas Fahrni, Bern
Lithos: AZ Grafische Betriebe AG, Aarau
Druck und Bindearbeiten: Stalling GmbH, Oldenburg
Printed in Germany

ISBN 3-85502-905-9

www.at-verlag.ch

# Inhaltsverzeichnis

# Vorwort

Dieses Buch ist allen gewidmet, die hin und wieder – selbst mitten im Winter – plötzlich die Sehnsucht nach Süden und Sonne packt. Um sie zu stillen, muss man keineswegs verreisen. Denn es gibt nichts Einfacheres, als den Computer oder die Akten, das Bügelbrett oder den Staubsauger mit dem Kochlöffel zu tauschen und mit Hilfe der Rezepte dieses Buches einzutauchen in eine Welt der Düfte und Aromen, der Wärme und der Lebensfreude. Geniessen, was uns der Tag schenkt, es sich rundum gut gehen zu lassen – das sind die kleinen Dinge, die ein wenig «dolce vita» in den Alltag bringen. Es funktioniert garantiert auch bei uns! Das Rezept dazu heisst: eine Prise Süden in der Küche.

In den verschiedenen Küchen der Länder rund ums Mittelmeer, die mich zu diesem Buch inspiriert haben, wird zwar recht unterschiedlich gekocht. Gemeinsam sind ihnen allen jedoch die kräftigen Aromen und Gewürze, der intensive Duft sonnenwarmer Kräuter, ausgereifter Gemüse und Früchte sowie das Olivenöl, das unverwechselbar den Ton in den südlichen Kochtöpfen angibt. Mit ihm und allen anderen typischen Zutaten, die längst auch bei uns sogar im Laden um die Ecke erhältlich sind, entstehen Gerichte, die Sonne, Wärme und unbeschwertes Geniessen heraufbeschwören, Gerichte, die nach einer gemütlichen Runde im Freundeskreis oder am Familientisch rufen. Mit den über 90 Rezepten, die alle einfach zu realisieren sind, haben Sie es in der Hand, auch bei uns im Norden eine Prise Süden einzufangen.

Dazu wünsche ich Ihnen viel Spass und Genuss!

Ihre Annemarie Wildeisen

# Vorspeisen, Antipasti & Co.

# Gemüse-Kaltschale

Erfrischend, leicht und appetitanregend ist diese suppenähnliche kalt servierte Spezialität: Dazu wird Joghurt und Sauermilch zusammen mit Salatgurke püriert und mit Peperoni, Radieschen und Avocado bereichert.

Für 4 Personen

1 Salatgurke
1 Becher Joghurt nature (180 g)
1 Becher Sauermilch oder saurer Halbrahm (180 g)
4 Zweige Dill
1 Knoblauchzehe
Salz, Pfeffer aus der Mühle
¼ Teelöffel edelsüsser Paprika
je 1 gelbe und rote Peperoni (Paprika)
1 Bund Radieschen
1 gut reife Avocado
Saft von ½ Zitrone

**1** Die Gurke schälen, der Länge nach halbieren und die Kerne mit einem scharfkantigen Löffel herauskratzen. Die Gurke in Scheiben schneiden. Mit dem Joghurt im Mixer oder mit dem Mixstab pürieren. Sauermilch oder sauren Halbrahm unterrühren.
**2** Den Dill fein hacken und beifügen. Den geschälten Knoblauch dazupressen. Die Gurkensuppe mit Salz, Pfeffer und Paprika würzen. Bis zum Essen kühl stellen.
**3** Die Peperoni halbieren, entkernen und zuerst in Streifen, dann in Rhomben schneiden. Die Radieschen rüsten, vierteln und in Scheiben schneiden. Die Avocado schälen, halbieren und den Stein entfernen. Das Fruchtfleisch klein würfeln. Sofort mit dem Zitronensaft mischen.
**4** Alle vorbereiteten Gemüsezutaten mit der Gurkensuppe mischen und in kleinen Schalen oder Suppentassen anrichten.

**Tipp:** Die hochsommerliche Variante dieses leichten Gerichts: Anstelle von Peperoni, Radieschen und Avocado gibt man nur reichlich entkernte und klein gewürfelte Tomaten zur Gurkensuppe. In diesem Fall passt anstelle von Dill auch Basilikum als Gewürz.

# Suppe aus gerösteten Tomaten mit Pistazienbrötchen

Tomatensuppe einmal anders: Durch das langsame Rösten der Tomaten im Ofen verdampft ein Teil des Tomatensafts, was den Früchten ein unnachahmlich intensives Aroma verleiht.



Für 4–6 Personen

1 kg vollreife Tomaten
50 ml Olivenöl
Salz, schwarzer Pfeffer aus der Mühle
2 Knoblauchzehen
½ l Gemüse- oder Hühnerbouillon
1 Teelöffel Balsamicoessig

Pistazienbrötchen:
4 Esslöffel grüne Pistazienkerne (ca. 30 g)
1 Knoblauchzehe
1 Bund Petersilie
1 Bund Basilikum
2 Esslöffel geriebener Parmesan
abgeriebene Schale von ½ Zitrone
3–4 Esslöffel Olivenöl
8 Scheiben Pariserbrot

**1** Die Tomaten in dicke Scheiben schneiden. Einen Bräter oder eine grosse feuerfeste Form mit 1–2 Esslöffel des Olivenöls ausstreichen. Die Tomatenscheiben dicht an dicht nebeneinander in der Form auslegen. Mit Salz und Pfeffer würzen. Den Knoblauch in Scheibchen schneiden und auf den Tomaten verteilen. Alles grosszügig mit dem restlichen Olivenöl beträufeln.

**2** Die Tomaten im auf 180 Grad vorgeheizten Ofen auf der zweituntersten Rille 50–60 Minuten backen, bis sie den Rändern entlang braun sind.

**3** Die Bouillon aufkochen. Die gebackenen Tomaten mitsamt dem festgebackenen Saft mit einem Spachtel aus der Form lösen und in die Bouillon geben. Einmal kräftig aufkochen. Dann die Suppe durch ein feinmaschiges Sieb streichen; dabei bleiben Haut und Kerne zurück. Die Suppe nicht pürieren; sie kann sonst bitter schmecken. Wenn nötig mit Bouillon etwas verdünnen und mit Salz, Pfeffer sowie Balsamicoessig abschmecken.

**4** Für die Brötchen die Pistazien mit dem Wiegemesser oder im Cutter nicht zu fein hacken. Den Knoblauch schälen und mit der Petersilie sowie dem Basilikum ebenfalls hacken. Alle diese Zutaten mit dem Parmesan, der Zitronenschale und dem Olivenöl mischen. Auf die Brotscheiben streichen.

**5** Die Pistazienbrötchen im auf 220 Grad vorgeheizten Ofen auf der mittleren Rille während 8–10 Minuten backen. Warm zur Suppe servieren.

## Kürbissuppe mit Amaretti

Auf den ersten Blick eine ungewöhnliche Kombination: Doch der leicht süss-bittere Mandelgeschmack der Amaretti harmoniert ausgezeichnet mit dem nussig schmeckenden Kürbis.

Für 6–8 Personen

Ca. 750 g Kürbis
1 mittlere Zwiebel
20 g Butter
1 l Milch
Salz
¾ Teelöffel Zucker
100 g Amaretti
wenig Zitronensaft
1 Prise Curry

1 Den Kürbis rüsten und würfeln; es soll etwa 500 g Kürbisfleisch ergeben.
2 Die Zwiebel schälen und fein hacken.
3 In einer Pfanne die Butter erhitzen. Die Zwiebel darin andünsten. Den Kürbis beifügen und kurz mitdünsten. Mit der Milch ablöschen. Die Suppe mit Salz und Zucker würzen.
4 Die Hälfte der Amaretti zur Suppe geben und alles zugedeckt etwa ½ Stunde leise kochen lassen.
5 Die Suppe im Mixer oder mit dem Stabmixer fein pürieren. Nochmals aufkochen und mit Zitronensaft, Curry und Salz abschmecken.
6 Die restlichen Amaretti zerbröckeln und über die angerichtete Suppe streuen.

**Tipp:** Bis zu 50 Kilo schwer können Speisekürbisse werden. Doch keine Angst: Inzwischen kann man sie für die Küche längst schnitzweise kaufen. Denken Sie daran, dass man mit rund 30 Prozent Abfall rechnen muss. Wer einen ganzen Kürbis kauft, sollte auf folgende Merkmale achten: Die Kürbisfrucht ist reif, wenn der Stiel einzutrocknen beginnt, die Schale hart ist und es hohl klingt, wenn man mit den Fingern an die Schale klopft. Ein ganzer Kürbis lässt sich kühl und luftig – aber frostsicher – aufbewahrt problemlos mehrere Monate lagern.
Kürbis besitzt keinen nennenswerten Eigengeschmack, was ihn gerade zur kulinarischen Herausforderung macht. Er verträgt sehr kräftige Würze, zum Beispiel exotisch mit Ingwer oder Curry oder traditionell mit Muskat, Zimt und Nelken. Auch das Aroma von Mandeln, Pinienkernen, Zitronen oder Limonen bekommt ihm gut.

## Sommerliche Gemüse-Knoblauch-Suppe

Im Süden schätzt man auch im Sommer eine feine Gemüsesuppe, die allerdings meist lauwarm genossen wird. Für Knoblauchfans verdoppelt man die Menge des in der Suppe mitgekochten Knoblauchs. Besonders fein schmeckt die Suppe mit jungem Knoblauch; in diesem Fall verwendet man eine ganze Knolle.

Für 4–6 Personen

Ca. 750 g Wirz (Wirsing)
500 g Tomaten
4 mittlere Zwiebeln
4 grosse Knoblauchzehen
3–4 Esslöffel Olivenöl
1 l Gemüse- oder Hühnerbouillon
1 Esslöffel Thymianblättchen
Salz, schwarzer Pfeffer aus der Mühle
einige Tropfen Tabasco oder wenig Cayennepfeffer

Knoblauch-Croûtons:
4 Scheiben Weiss- oder Toastbrot
4 Esslöffel Olivenöl
4 Knoblauchzehen

1 Unschöne Wirzblätter ablösen. Den Wirzkopf vierteln und grobe Strunkteile entfernen. Den Wirz in feine Streifen schneiden.

2 Die Tomaten kurz in kochendes Wasser tauchen, schälen, achteln und entkernen.

3 Die Zwiebeln und den Knoblauch schälen und fein hacken.

4 In einer grossen Pfanne das Olivenöl erhitzen. Die Zwiebel-Knoblauch-Mischung darin andünsten. Den Wirz beifügen und kurz mitdünsten. Die Bouillon dazugiessen. Alles zugedeckt etwa 20 Minuten kochen lassen.

5 Nun die Tomaten und den Thymian beifügen. Die Suppe mit Salz, Pfeffer und Tabasco oder Cayennepfeffer würzen. Alles nochmals 10 Minuten leise kochen lassen.

6 Für die Croûtons inzwischen die Brotscheiben klein würfeln. Unmittelbar vor dem Servieren im heissen Olivenöl goldbraun braten. Zuletzt die Knoblauchzehen dazupressen und alles gut mischen.

7 Die Suppe in tiefe Teller anrichten. Die Brotwürfelchen darüber streuen und die Suppe sofort servieren.

## Olivensalat

Dieser würzig-pikante Salat passt gut zu geröstetem und mit etwas Olivenöl beträufeltem Weissbrot. Als Belag von Crostini serviert man ihn zum Aperitif, und auch als Beilage zu einer kalten Fleischplatte oder zu Grillspezialitäten schmeckt er.



Für 4 Personen

150 g grüne, mit Peperoni (Paprika) gefüllte Oliven
4–6 zarte Zweige Stangensellerie mit Grün, je nach Grösse
2 Knoblauchzehen
4 Zweige Oregano
1 Peperoncino (italienische Pfefferschote)
2 Esslöffel Rotweinessig
5 Esslöffel kaltgepresstes Olivenöl
Salz, schwarzer Pfeffer aus der Mühle

**1** Die Oliven in Scheiben schneiden. Den Stangensellerie rüsten und mitsamt zartem Grün in dünne Streifchen schneiden.

**2** Den Knoblauch schälen und fein hacken. Den Oregano ebenfalls hacken. Den Peperoncino der Länge nach halbieren, entkernen, in feine Streifen und diese in kleine Würfelchen schneiden. Alle diese Zutaten mit dem Essig, dem Olivenöl, wenig Salz und reichlich Pfeffer zu einer Marinade mischen.

**3** Die Marinade sorgfältig mit den Oliven und dem Stangensellerie mischen. Mindestens ½ Stunde, besser aber länger durchziehen lassen.

## Marinierte weisse Bohnen

Das Kochen der getrockneten Bohnenkerne braucht zwar seine Zeit, aber man kann dies gut 1–2 Tage im Voraus erledigen. Verwendet man gekochte Bohnen aus der Dose, sollte man diese in einem Sieb unter kaltem Wasser gründlich spülen, damit sie wieder frisch schmecken.

Für 4–6 Personen

250 g getrocknete weisse Bohnenkerne
1 Zweig Salbei
2 Knoblauchzehen

Zum Servieren:
4 Esslöffel Olivenöl
1 Esslöffel Balsamicoessig
Salz, schwarzer Pfeffer aus der Mühle
2 Schalotten
75 g Bratspeckscheiben
½ Bund glattblättrige Petersilie

**1** Die Bohnen über Nacht in kaltem Wasser einweichen. Abschütten und abtropfen lassen.

**2** Die Bohnen in einen Topf geben. Mit reichlich kaltem Wasser bedecken. Den Salbeizweig dazulegen. Die Knoblauchzehen schälen,

halbieren und beifügen. Die Bohnen zugedeckt je nach Qualität 1½–2 Stunden auf kleinem Feuer weich kochen.

3 Die Bohnen abschütten. Noch heiss mit dem Olivenöl und dem Balsamicoessig mischen. Mit Salz sowie reichlich schwarzem Pfeffer aus der Mühle würzen.

4 Die Schalotten schälen und fein hacken. Den Speck in feine Streifchen schneiden, dann grob hacken.

5 In einer Bratpfanne den Speck im eigenen Fett knusprig braten. Die Schalotten beifügen und kurz mitrösten. Beiseite stellen.

6 Die Petersilienblätter fein hacken und zur Speck-Schalotten-Mischung geben. Über die Bohnen verteilen und diese lauwarm oder kalt servieren.



## Marinierter Mozzarella

Am besten schmeckt dieses kleine Gericht, wenn man den Original Büffelmozzarella verwendet, der ein besonders kräftiges Aroma besitzt. Sehr gut eignet sich auch die Verwendung von Feta, der ursprünglich griechische Käse aus Schaf- oder Kuhmilch, der inzwischen auch bei uns produziert wird.

Für 4 Personen

1 gelbe Peperoni (Paprika)
4–6 getrocknete, in Öl eingelegte Tomaten
8 grüne Oliven
2 Knoblauchzehen
1 Bund glattblättrige Petersilie
½ Bund Basilikum oder Oregano
2–3 Esslöffel Balsamicoessig
Salz, schwarzer Pfeffer aus der Mühle
100 ml kaltgepresstes Olivenöl
2 Mozzarella (ca. 300 g)

1 Die Peperoni waschen, halbieren, entkernen und in kleinste Würfelchen schneiden. Die getrockneten Tomaten auf Küchenpapier abtropfen lassen und hacken. Die Oliven entsteinen und in Streifchen schneiden. Den Knoblauch schälen und sehr fein hacken. Alle Kräuter ebenfalls fein hacken.

2 Essig, Salz, Pfeffer und Olivenöl gut verrühren. Alle vorbereiteten Zutaten untermischen.

3 Den Mozzarella in Scheiben schneiden. Auf Tellern anrichten und mit der Peperonimarinade beträufeln. Kurz ziehen lassen, dann servieren.

Als Beilage passt Fladenbrot (Rezept Seite 72), Baguette oder eines der italienischen Gewürzbrote (Rezept Seite 70/72).

## Zucchettipüree mit Feta und Oliven

In der orientalischen Küche spielen Gemüsepürees als kleine Vorspeise – zum Beispiel anstelle von Salat – eine wichtige Rolle. Auf die gleiche Weise wie dieses Zucchettipüree kann man auch ein Auberginenpüree zubereiten; dazu kocht man das Gemüse aber nicht in Wasser weich, sondern backt es langsam im Ofen und löst anschliessend das Fruchtfleisch mit einem Löffel aus der Haut.

Für 4 Personen

500 g zarte, eher kleine Zucchetti
2 Knoblauchzehen
Saft von V Zitrone
4 Esslöffel Olivenöl
½ Teelöffel gemahlener Kreuzkümmel
1 Prise Cayennepfeffer
Salz
100 g Feta
je 8 grüne und schwarze Oliven

**1** Die Enden der Zucchetti abschneiden und die Früchte waschen. Mit Salzwasser bedeckt etwa 10 Minuten weich kochen. Abschütten und gut abtropfen lassen. Die Zucchetti noch heiss in Würfel schneiden, dann mit einer Gabel grob zerdrücken. Je nach Wassergehalt der Früchte diese wenn nötig in ein Sieb geben und 10–15 Minuten abtropfen lassen.
**2** Den Knoblauch schälen und durch die Presse zu den Zucchetti drücken. Zitronensaft, Olivenöl, Kreuzkümmel, Cayennepfeffer und etwas Salz verrühren, beifügen und alles gründlich mischen. Das Püree wenn nötig nachwürzen.
**3** Den Feta grob zerkrümeln. Die Oliven entsteinen und in Streifen schneiden.
**4** Vor dem Servieren Feta und Olivenstreifen über das Püree geben.

Als Beilage passt Fladenbrot (Rezept Seite 72) oder geröstetes Weissbrot.

## Grundrezept Crostini

Crostini sind die italienische Variante unserer belegten Brötchen. Weissbrotscheiben werden dazu mit einer Olivenöl-Knoblauch-Mischung bestrichen, im Ofen kurz gebacken, mit einem Belag nach Belieben belegt und lauwarm genossen. Mein Tipp: Laden Sie zum Crostini-Festival ein – mit unseren sechs Vorschlägen werden Sie viel Beifall ernten!

Ergibt 12 Stück

4 Esslöffel Olivenöl
1–2 Knoblauchzehen
12 Scheiben Pariser- oder italienisches Weissbrot

1 Den Backofen auf Grillfunktion oder Stufe Oberhitze auf 220 Grad vorheizen.
2 Das Olivenöl mit dem geschälten und durchgepressten Knoblauch mischen und die Brotscheiben damit bestreichen. Auf ein Backblech legen.
3 Die Crostini im oberen Drittel des Backofens unter dem Grill oder bei Oberhitze hellbraun rösten. Herausnehmen und noch warm einen Crostinibelag nach Belieben bergartig darauf geben.

## Oliven-Crostini

Belag für 12 Stück

250 g schwarze Oliven
8–10 Zweige Thymian
1 Zweig Rosmarin
1 Bund Petersilie
2 Sardellenfilets oder etwas Sardellenpaste
3–4 Esslöffel Olivenöl
schwarzer Pfeffer aus der Mühle
etwas Zitronensaft

1 Die Oliven entsteinen und in Streifchen schneiden. Thymianblättchen und Rosmarinnadeln von den Zweigen zupfen. Diese Zutaten mit der Petersilie und den Sardellenfilets oder der Sardellenpaste im Cutter pürieren.
2 Das Olivenöl zur Oliven-Kräuter-Mischung geben und die Paste mit viel Pfeffer sowie etwas Zitronensaft abschmecken.

## Thon-Crostini

Belag für 12 Stück

Ca. 150 g Thon (Thunfisch), abgetropft gewogen
1 kleine Zwiebel
1 gehäufter Esslöffel Kapern
1 Bund Petersilie
4 Esslöffel Mayonnaise
Salz, Pfeffer

1 Den gut abgetropften Thon mit einer Gabel fein zerzupfen.
2 Die Zwiebel schälen und in Streifen schneiden. Zusammen mit den Kapern und der Petersilie fein hacken. Zum Thon geben.
3 Die Mayonnaise beifügen und alles gründlich mischen. Mit Salz und Pfeffer würzen.

**Tipp:** Die belegten Crostini nach Belieben mit dünnen Zwiebelringen oder Kapern garnieren.

## Auberginen-Tomaten-Crostini

Belag für 12 Stück

1 mittlere Aubergine
6 Esslöffel Olivenöl
300 g feste Tomaten
10–12 grosse Basilikumblätter
Salz, schwarzer Pfeffer

1 Die Aubergine der Länge nach in ½ cm dicke Scheiben, dann diese in dünne Streifen und schliesslich in kleine Würfelchen schneiden. Im heissen Olivenöl weich braten.
2 Die Tomaten kurz in kochendes Wasser tauchen, schälen, quer halbieren, entkernen und ebenfalls klein würfeln. Zu den Auberginen geben.
3 Die Basilikumblätter hacken und untermischen. Die Gemüsemasse mit Salz und Pfeffer würzen.

## Pilz-Crostini

Belag für 12 Stück

400 g Champignons
2 kleine Zwiebeln
1 Knoblauchzehe
1 Bund Petersilie
1 Bund Basilikum
2 Esslöffel Olivenöl
Salz, Pfeffer
75 g weiche Butter

1 Die Pilze rüsten und in dünne Scheibchen schneiden. Zwiebeln und Knoblauch schälen und fein hacken. Petersilie und Basilikum ebenfalls hacken.
2 Das Olivenöl erhitzen. Zwiebeln und Knoblauch darin andünsten. Die Hitze höher stellen. Die Champignons beifügen und 4–5 Minuten braten; dabei soll die entstehende Flüssigkeit verdampfen. Am Schluss würzen und die gehackten Kräuter untermischen. Die Masse auskühlen lassen.
3 Die Pilze mit der weichen Butter im Cutter oder mit dem Stabmixer nicht zu fein mixen. Wenn nötig nachwürzen.

## Tomaten-Crostini

Belag für 12 Stück

500 g vollreife Tomaten
Salz, schwarzer Pfeffer
1–2 Esslöffel kaltgepresstes Olivenöl
50 g Rucola
60 g schwarze Olivenpaste (siehe Tipp)

1 Die Tomaten kurz in kochendes Wasser tauchen, schälen, quer halbieren, entkernen und klein würfeln. Mit wenig Salz und reichlich Pfeffer sowie etwas Olivenöl würzen.
2 Den Rucola verlesen, kurz waschen, auf einem sauberen Tuch gut abtropfen lassen, dann grob zerzupfen.
3 Die gebackenen Crostinischeiben mit je 1 Teelöffel Olivenpaste bestreichen, mit Rucola belegen und die Tomaten bergartig darauf geben.

**Tipp:** Olivenpaste kann man in vielen Lebensmittelgeschäften fertig im Glas kaufen. Sie lässt sich aber auch einfach selbst zubereiten: 100 g schwarze Oliven entsteinen, in Streifen schneiden und mit wenig Olivenöl pürieren.

## Peperoni-Crostini

Belag für 12 Stück

Je 3 rote und gelbe Peperoni (Paprika)
2–3 Knoblauchzehen
1 Bund Basilikum
2 Esslöffel Kapern
4 Esslöffel Olivenöl
Salz, schwarzer Pfeffer aus der Mühle

1 Den Backofen auf 220 Grad vorheizen.
2 Die Peperoni waschen und mit Küchenpapier trocknen. Auf ein Backblech legen. Auf der mittleren Rille des auf 220 Grad vorgeheizten Ofens backen, bis die Haut dunkle Flecken bekommt. Herausnehmen, in eine Pfanne legen und diese mit einem Deckel verschliessen. 10 Minuten ruhen lassen.
3 Die Haut von den abgekühlten Peperoni abziehen. Die Schoten halbieren, entkernen und klein würfeln. Nach Farbe getrennt in je ein Schüsselchen geben.
4 Den Knoblauch schälen und sehr fein hacken. Basilikum und Kapern ebenfalls hacken. Die Hälfte dieser Zutaten sowie die Hälfte des Olivenöls zu den roten Peperoni, die restlichen Zutaten und die zweite Portion Olivenöl zu den gelben Peperoni geben. Jeweils mischen und pikant mit Salz sowie Pfeffer abschmecken.
5 Die Hälfte der gebackenen Crostini mit der roten, die restlichen Brötchen mit der gelben Peperonimischung belegen.

**Tipp:** Nach Belieben je 1 rote und gelbe Peperoni weglassen, dafür 3–4 feste Tomaten häuten, entkernen, klein würfeln und unter die beiden Peperonimassen mischen.

## Pilzsalat mit Parmesan

Wussten Sie, dass man Champignons auch sehr gut roh geniessen kann? Auf diese Weise kommt ihr leicht nussiges Aroma besonders zur Geltung. Damit dieser originelle Salat optimal schmeckt, sollte unbedingt ein erstklassiges kaltgepresstes Olivenöl verwendet werden. Vorsicht bei der Verwendung von Zitronensaft: Nachgiessen kann man immer, aber herausnehmen nicht mehr.

Für 4 Personen

2 Esslöffel frisch gepresster Zitronensaft
Salz, schwarzer Pfeffer aus der Mühle
6 Esslöffel kaltgepresstes Olivenöl
500 g Champignons
6 kleinere zarte Zweige Stangensellerie
100 g Parmesan am Stück

**1** Zitronensaft, Salz, Pfeffer und Olivenöl zu einer Sauce rühren.
**2** Die Champignons rüsten und nur wenn unbedingt nötig waschen. Die Pilze in dünne Scheiben schneiden und sofort mit der Sauce mischen, damit sie sich nicht braun verfärben.
**3** Den Stangensellerie rüsten, dabei zartes Grün an den Zweigen lassen. Das Gemüse in feine Scheibchen schneiden. Zu den Champignons geben und alles sorgfältig mischen. Den Salat mindestens 15 Minuten marinieren lassen; in dieser Zeit ziehen die Pilze etwas Saft.
**4** Den Parmesan mit dem Sparschäler in Späne hobeln. Drei Viertel des Käses zum Salat geben und diesen nochmals sorgfältig mischen. Anrichten, mit den restlichen Käsespänen garnieren und mit frisch gemahlenem Pfeffer bestreuen.

## Gemüse-Pilz-Antipasto



Kurz gebratene Peperoni (Paprika), Zucchetti und Austernpilze gehören auf diesen Vorspeisenteller, den man mit Rohschinken, Coppa und/oder Salami bereichern kann. Wenn es eilt, kann man auch spanische Peperoni aus der Dose verwenden, die bereits geschält sind. Die Austernpilze, auch «Kalbfleisch des armen Mannes» genannt, können gut durch frische grosse Champignons ersetzt werden, die man zum Braten in dicke Scheiben schneidet.

Für 4 Personen

2–3 rote Peperoni (Paprika)
Salz, schwarzer Pfeffer aus der Mühle
ca. 200 ml kaltgepresstes Olivenöl
2 Zucchetti
400 g Austernpilze
3 Esslöffel Weisswein
2 Teelöffel eingelegte grüne Pfefferkörner
20 schwarze Oliven
fein geschnittenes Basilikum oder gehackte Petersilie

**1** Den Backofen auf 220 Grad vorheizen.

**2** Die Peperoni waschen und mit Küchenpapier trocknen. Auf ein Backblech legen. Auf der mittleren Rille des auf 220 Grad vorgeheizten Ofens backen, bis die Haut dunkle Flecken bekommt. Herausnehmen, in eine Pfanne legen und diese mit einem Deckel verschliessen. 10 Minuten ruhen lassen. Dann die Haut von den Peperoni abziehen. Die Früchte in Viertel schneiden, entkernen und in eine Schüssel legen. Mit Salz und Pfeffer würzen und mit etwas Olivenöl beträufeln.

**3** Die Zucchetti ungeschält in Scheiben schneiden und in etwas Olivenöl 4–5 Minuten braten. Mit Salz und Pfeffer würzen. Auskühlen lassen.

**4** Die Pilze rüsten und wenn nötig in grosse Stücke schneiden. In Olivenöl ziemlich heiss anbraten. Dann die Hitze kleiner stellen und den Weisswein darüber träufeln. Die Pfefferkörner mit einer Gabel grob zerdrücken und zu den Pilzen geben. Alles noch 2–3 Minuten weiterbraten. Mit Salz und Pfeffer aus der Mühle würzen. Abkühlen lassen.

**5** Das Gemüse mit den Oliven auf Tellern anrichten und mit Kräutern bestreuen.

# Auberginentaler mit kleinem Kräutersalat

Je nach Jahreszeit lassen sich die Zutaten für diesen südfranzösisch inspirierten Salat variieren: Anstelle von Rucola kann man auch Schnittsalat, Löwenzahn, krause Endivie, Portulak, Kresse und/ oder Cicorino verde verwenden und die Kräuter nach Belieben weglassen. Wer Auberginen nicht mag, ersetzt sie durch Zucchetti.

Für 4 Personen

1 mittlere möglichst schlanke Aubergine
Salz
1 Ei
400 g grosse Cherry- oder Zweigtomaten
100 g grüne Oliven
8 Basilikumblätter
2 Esslöffel Balsamicoessig
½ Teelöffel Senf
schwarzer Pfeffer aus der Mühle
4 Esslöffel Olivenöl
75 g Rucola
1 Bund glattblättrige Petersilie
1 Bund Kerbel
1 Bund Basilikum
2–3 gehäufte Esslöffel Mehl
Olivenöl zum Braten

**1** Die Aubergine waschen, den Stielansatz abschneiden und die Frucht in gut ½ cm dicke Scheiben schneiden. Auf einer Platte auslegen, mit Salz bestreuen und etwa 15 Minuten Wasser ziehen lassen.
**2** Inzwischen das Ei mit Wasser bedeckt aufkochen und ab dem Siedepunkt 6–7 Minuten hart kochen. Kalt abschrecken, schälen und fein hacken. Mit Klarsichtfolie bedecken, damit es nicht austrocknet.
**3** Die Tomaten waschen und je nach Grösse vierteln oder achteln. Die Oliven entsteinen und in Streifchen schneiden. Die Basilikumblätter hacken.
**4** Essig, Senf, Salz, Pfeffer und Olivenöl zu einer Sauce rühren. Die Hälfte davon mit den Tomaten, Oliven und dem gehackten Basilikum mischen.
**5** Den Rucola sowie die Kräuter waschen und gut abtropfen lassen. Die Kräuterblätter von den Zweigen zupfen.
**6** Die Auberginenscheiben mit Küchenpapier trockentupfen. Das Mehl in einen Suppenteller geben und die Auberginen darin wenden.
**7** In einer wenn möglich beschichteten Bratpfanne reichlich Olivenöl erhitzen. Die Auberginen von beiden Seiten goldbraun und weich braten. Auf Küchenpapier abtropfen lassen.
**8** Zum Servieren den Kräutersalat mit der restlichen Sauce mischen und auf Teller anrichten. Die Auberginentaler darauf geben und mit Tomaten-Oliven-Salat belegen. Alles mit gehacktem Ei bestreuen.

# Gebratene Champignons mit Dörrtomaten

Dieses kleine Pilzgericht ist sowohl eine originelle Vorspeise – vielleicht angerichtet auf einem Salatbett – wie auch eine feine Beilage zu kurz gebratenem Fleisch. In der Saison kann man die Champignons auch durch Steinpilze ersetzen.

Für 4 Personen

75 g getrocknete, in Olivenöl eingelegte Tomaten, abgetropft gewogen
500 g Champignons
2 Schalotten
2–3 Esslöffel Öl von den eingelegten Tomaten oder anderes Olivenöl
1 Teelöffel frische Thymianblättchen
Salz, schwarzer Pfeffer aus der Mühle
2 Esslöffel Balsamicoessig

1 Die getrockneten Tomaten auf Küchenpapier abtropfen lassen, dann in Streifen schneiden.
2 Die Champignons rüsten und in dicke Scheiben schneiden.
3 Die Schalotten schälen und fein hacken.
4 Das Tomaten- oder Olivenöl heiss werden lassen und die Schalotten darin andünsten. Dann die Hitze auf höchste Stufe stellen und die Champignons beifügen. Unter Wenden 3–4 Minuten braten; ziehen die Pilze Saft, diesen vollständig verdampfen lassen. Zuletzt den Thymian beifügen und die Champignons mit Salz sowie reichlich frisch gemahlenem Pfeffer würzen. In eine Schüssel geben.
5 Die Tomatenstreifen beifügen. Den Salat mit dem Balsamicoessig beträufeln und vor dem Servieren mindestens 30 Minuten durchziehen lassen.

## Bohnen und Tomaten an Thonsauce

Die berühmte Thunfischsauce des Vitello tonnato begleitet hier grüne Bohnen und Tomaten – auf den ersten Blick vielleicht eine ungewöhnliche, aber eine überaus gelungene Kombination. Wird dieses feine Sommergericht als Mahlzeit serviert, kann man es nach Belieben mit in Viertel geschnittenen hart gekochten Eiern anreichern.

Für 4–6 Personen

500 g grüne Bohnen
100 ml Wasser
Salz
6–8 mittlere feste Tomaten
schwarzer Pfeffer aus der Mühle
2 Frühlingszwiebeln
150 g Thon (Thunfisch) nature (aus delfinfreiem Fang)
150 ml Hühnerbouillon
2 Eigelb
4 Esslöffel Olivenöl
2 Esslöffel Zitronensaft
3–4 Esslöffel Rahm
1 Esslöffel Kapern
12 schwarze Oliven

1 Die Bohnen waschen und rüsten. Mit dem Wasser und etwas Salz in einen Topf geben und zugedeckt nicht zu weich kochen (15–20 Minuten). Abschütten und leicht abkühlen lassen.

2 Die Tomaten waschen und den Stielansatz entfernen. Die Früchte in Scheiben schneiden und diese mit Salz sowie Pfeffer würzen.

3 Die Frühlingszwiebeln rüsten und mitsamt schönem Grün in feine Ringe schneiden.

4 Den Thon mit einer Gabel in Stücke zerpflücken. Mit der Bouillon, den Eigelb, dem Öl, dem Zitronensaft und dem Rahm im Mixer oder mit dem Stabmixer pürieren. Die Sauce mit Salz und Pfeffer würzen. Die Kapern kurz kalt spülen, grob hacken und untermischen.

5 Bohnen und Tomaten dekorativ auf Tellern anrichten. Mit der Thonsauce beträufeln und mit den Frühlingszwiebeln sowie den Oliven garnieren.

## Orientalische Hackfleischröllchen



Für die Zubereitung dieser knusprigen Rollen mit einer exotisch gewürzten Rindfleischfüllung wird Filoteig, manchmal auch Phylloteig geschrieben, verwendet. Er stammt aus der orientalischen Küche und ist mit dem Strudelteig verwandt. Inzwischen findet man ihn auch bei uns tiefgekühlt in grösseren Lebensmittel- oder Spezialgeschäften. Er kann durch Strudel- oder Blätterteig ersetzt werden. Mit Salat serviert ergeben die Hackfleischröllchen eine kleine Mahlzeit.

Ergibt 16 Stück

1 grosse Zwiebel
1½–2 Bund glattblättrige Petersilie
3 Esslöffel Olivenöl
400 g gehacktes Rindfleisch
¾ Teelöffel Salz
1½ Teelöffel edelsüsser Paprika
1½ Teelöffel Kreuzkümmel
schwarzer Pfeffer aus der Mühle
200 g tiefgekühlter Filo- oder Strudelteig
Erdnussöl oder Frittierfett zum Backen

**1** Die Zwiebel schälen und fein hacken. Die Petersilie ebenfalls hacken.
**2** In einer Bratpfanne das Olivenöl erhitzen. Die Zwiebel darin andünsten. Das Hackfleisch beifügen und unter Wenden Farbe annehmen lassen. Die Petersilie untermischen. Das Hackfleisch mit Salz, Paprika, Kreuzkümmel sowie reichlich frisch gemahlenem Pfeffer würzen. Auskühlen lassen.
**3** Den Filoteig in 16 Quadrate von etwa 18 x 18 cm schneiden. Die Ränder der Teigstücke mit Wasser bepinseln. Auf die eine Hälfte der Teigquadrate etwas Füllung geben, die Seiten einschlagen und den Teig aufrollen.
**4** In einer grossen Bratpfanne knapp 1 cm hoch Öl oder Fett erhitzen. Die Teigröllchen portionenweise rundum goldbraun backen. Auf Küchenpapier abtropfen lassen. Heiss oder lauwarm servieren.

**Tipp:** Hauchdünne Teigblätter Filoteig ist in Form hauchdünner, etwa 50 x 50 cm grosser Teigblätter erhältlich, bei uns meist tiefgekühlt. In einem Paket sind in Folie eingeschweisst je nach Marke bis zu 13 Blätter. Nicht immer ist die Verarbeitung tiefgekühlter Filoblätter ohne Tücken: Sie können zusammenkleben und reissen, wenn man sie voneinander lösen will. Wichtig ist, dass man sie in der Packung gut verschlossen auftauen lässt; dies dauert etwa 2 Stunden. Griechische und orientalische Lebensmittelgeschäfte verkaufen zuweilen auch frische Teigblätter.

# Zucchetti mit Chermoula

Chermoula nennt sich eine marokkanische Gewürzsauce, die gerne zum Marinieren und Braten von Fisch, Huhn oder Lamm verwendet wird, aber auch einfach eine unkomplizierte Sauce zu Gebratenem sein kann. In diesem Rezept wird sie auf dünn geschnittene Zucchettischeiben gestrichen, die man anschliessend im Ofen brät und dann warm oder kalt serviert.

Für 4 Personen

2 grosse Zwiebeln
4 Knoblauchzehen
1 Teelöffel Rosenpaprika (scharf)
1 Teelöffel gemahlener Kreuzkümmel
1 Teelöffel Kurkuma
Saft von 1 Zitrone
Salz
ca. 150 ml Olivenöl
1 Bund frischer Koriander oder glattblättrige Petersilie
500 g Zucchetti

**1** Die Zwiebeln und die Knoblauchzehen schälen und sehr fein hacken. Mit Paprika, Kreuzkümmel, Kurkuma, Zitronensaft und etwas Salz in eine kleine Schüssel geben und verrühren. Dann langsam das Olivenöl im Faden dazugiessen und aufschlagen. Koriander oder Petersilie hacken und darunter mischen. Die Chermoula wenn nötig nochmals mit Salz und den übrigen verwendeten Gewürzen abschmecken.
**2** Den Backofen auf 180 Grad vorheizen.
**3** Den Stielansatz der Zucchetti entfernen und die Früchte ungeschält der Länge nach in dünne Scheiben schneiden; am besten geht dies auf dem Gemüsehobel oder mit der Brotschneidemaschine.
**4** Die Zucchettischeiben auf einem mit Backpapier belegten Blech auslegen. Die Schnittflächen der Zucchetti grosszügig mit Chermoula bedecken.
**5** Die Zucchetti im 180 Grad heissen Ofen auf der zweituntersten Rille 20–25 Minuten backen. Sie schmecken sowohl warm wie ausgekühlt serviert.

# Wunderbar wandelbares Getreide

# Bulgur-Pilaw mit gebratenen Auberginen an Peperonisauce



Bulgur auch Burghul genannt, ist vorgedämpfter Weizenschrot (siehe auch Tipp), der ähnlich wie Reis zubereitet wird und diesen auch sehr gut ersetzen kann. Im Nahen Osten, der Heimat des Bulgurs, wird er zu würzigen warmen Gerichten gekocht oder für einen Salat mit viel Kräutern und Tomaten, Tabbouleh genannt, verwendet. In diesem Rezept kommt die schmackhafte Spezialität in Begleitung von gebratenen Auberginenscheiben und einer würzigen Peperonisauce daher. Die Peperoni (Paprika) werden dafür geschält; ohne die zähe Haut sind die Früchte auch für magenempfindliche Menschen gut verträglich. Wenn es aber einmal schnell gehen soll, kann man sie auch ungeschält verwenden.

Für 4 Personen

Peperonisauce:
3 grosse rote Peperoni (Paprika)
250 ml Gemüsebouillon
Salz, Pfeffer

Gebratene Auberginen:
2 grosse Auberginen
3–4 Esslöffel Olivenöl
Salz, Pfeffer

Bulgur-Pilaw:
500 ml Gemüsebouillon
3–4 Esslöffel Olivenöl
275 g möglichst grob geschroteter Bulgur
2 Esslöffel Rosinen
4 Esslöffel Pinienkerne

1 Die Peperoni auf ein Blech legen. In der Mitte des auf 220 Grad vorgeheizten Ofens backen, bis die Haut dunkle Flecken aufweist. Sofort in eine Pfanne oder Schüssel mit gut schliessendem Deckel geben und 10 Minuten stehen lassen. Danach die Haut abziehen. Die Früchte halbieren, entkernen, in Streifen schneiden und mit der Gemüsebouillon pürieren. Die Sauce in eine Pfanne geben, würzen und beiseite stellen.

2 Den Stielansatz der Auberginen entfernen und die Früchte der Länge nach in Scheiben schneiden. Beidseitig mit Olivenöl bestreichen, würzen und auf ein mit Backpapier belegtes Blech geben. In der Mitte des Ofens bei 220 Grad 20–25 Minuten backen.

3 Inzwischen für den Pilaw die Bouillon mit dem Olivenöl aufkochen. Bulgur und Rosinen beifügen, gut umrühren und zugedeckt auf kleinstem Feuer etwa 15 Minuten garen, bis die Flüssigkeit aufgesogen ist.

4 Die Pinienkerne in einer trockenen Pfanne ohne Fettzugabe leicht rösten. Unter den Pilaw mischen.

5 Die Peperonisauce aufkochen. Den Bulgur-Pilaw auf einer grossen Platte bergartig anrichten und die Auberginen rundherum verteilen. Die Sauce separat zum Gericht servieren.

**Tipp:** Für Bulgur, ähnlich wie beim Parboiledreis werden die ganzen Weizenkörner zunächst in heissem Wasser eingeweicht. In dieser Phase dringen die in den äusseren Schichten des Korns befindlichen Vitamine, Mineralstoffe und Eiweisse in das Innere. Dann werden die Körner gekocht; dabei verkleistert die Stärke und bindet die Nährstoffe. Zum Schluss wird der Weizen wieder getrocknet, die Schale abgerieben und abgesiebt. Je nach Verwendungszweck wird Bulgur unterschiedlich fein geschrotet.

## Reis-Linsen-Topf mit karamellisierten Zwiebeln

Im Nahen Osten, wo dieses würzige Reisgericht ursprünglich beheimatet ist, werden meistens pikant gewürzter Joghurt und ein Gurken-Tomaten-Salat dazu serviert.



Für 4–5 Personen

150 g braune Linsen
½ Teelöffel Zimt
½ Teelöffel Piment
700 ml Wasser
150 g Parboiled- oder Basmatireis
3 grosse Zwiebeln
100 ml Olivenöl
1 Teelöffel Zucker
Salz, schwarzer Pfeffer

**1** Die Linsen mit Zimt, Piment und dem Wasser in einen Topf geben und zugedeckt etwa 20 Minuten halbweich kochen.
**2** Inzwischen den Parboiledreis unter fliessendem Wasser gründlich spülen. Bei Verwendung von Basmatireis diesen mit kochendem Wasser übergiessen und 5 Minuten stehen lassen. Dann abschütten und kalt abspülen.
**3** Die Zwiebeln schälen und halbieren. Fünf Zwiebelhälften in dünne Scheiben schneiden. Die restliche halbe Zwiebel fein hacken.
**4** Wenn die Linsen halbweich sind, den vorbereiteten Reis beifügen und zugedeckt während weiteren 15–18 Minuten nicht zu weich garen.
**5** Inzwischen die gehackte Zwiebel in der Hälfte des Olivenöls weich dünsten. Beiseite stellen.
**6** In einer Bratpfanne das restliche Olivenöl erhitzen. Die Zwiebelscheiben darin hellgelb dünsten. Mit dem Zucker bestreuen und unter häufigem Wenden goldbraun braten. Bis zum Servieren warm halten, damit die Zwiebeln nicht aneinander kleben.
**7** Die gehackte Zwiebel unter das fertige Reisgericht mischen und dieses salzen und pfeffern. Auf einer vorgewärmten Platte anrichten und die karamellisierten Zwiebeln darüber verteilen.

## Basilikum-Risotto mit Mascarpone-Gorgonzola

Mascarpone-Gorgonzola besteht aus Schichten von Gorgonzola und Mascarpone, einer rahmigen Frischkäsevariante, die den Blauschimmelkäse mild und zartschmelzend schmecken lässt. Auch diesem mit reichlich Basilikum gewürzten Risotto verleiht er einen cremigen Schmelz. Im Frühling kann man das Basilikum auch durch eine Hand voll Bärlauch oder Sauerampfer ersetzen.

Für 4–6 Personen

2 Frühlingszwiebeln mit Grün
1 Esslöffel Butter
2 Esslöffel Olivenöl
200 g Risottoreis (z. B. Carnaroli, Arborio oder Vialone)
150 ml Weisswein
ca. 600 ml Hühner- oder Gemüsebouillon
2 Bund Basilikum
75 g Mascarpone-Gorgonzola
4 Esslöffel Rahm
Salz, schwarzer Pfeffer aus der Mühle

**1** Die Frühlingszwiebeln mitsamt schönem Grün rüsten. Den weissen Teil der Zwiebeln fein hacken, die grünen Röhrchen in dünne Ringe schneiden.

**2** In einer grossen Pfanne Butter und Olivenöl erhitzen. Die Frühlingszwiebeln darin andünsten. Dann den Reis dazugeben und unter Rühren so lange rösten, bis die Körner von einem Fettfilm überzogen sind. Den Weisswein beifügen und unter Rühren vollständig einkochen lassen.

**3** Nun die Hälfte der Bouillon dazugiessen und wiederum unter häufigem Rühren vom Reis aufnehmen lassen. Nach und nach die restliche Bouillon beifügen. Der Risotto ist fertig, wenn der Reis bissfest und noch sehr feucht in der Konsistenz ist.

**4** Inzwischen das Basilikum in Streifchen schneiden oder grob hacken.

**5** Am Schluss der Kochzeit das Basilikum, den Mascarpone-Gorgonzola und den Rahm unter den Risotto rühren. Vom Feuer nehmen und zugedeckt noch 2 Minuten ausquellen lassen. Wenn nötig mit Salz sowie reichlich frisch gemahlenem Pfeffer abschmecken.

**Tipp:** Aus Risottoresten macht man in Italien oft eine Art Kroketten in Kugelform, Arancini (kleine Orangen) genannt. Dazu fügt man dem ausgekühlten Reis 1–2 verquirlte Eier, etwas geriebenen Parmesan sowie Kräuter nach Belieben bei, formt die Masse in Paniermehl zu kleinen Kugeln und brät diese in einer Mischung aus Olivenöl und Butter oder backt sie schwimmend goldbraun aus.

## Risotto mit Bohnen und Peperoni

Durch die Beigabe von etwas Butter am Schluss der Zubereitung wird der Risotto besonders cremig und glänzend. Anstelle von Bohnen und Peperoni (Paprika) kann man der Saison entsprechend auch viele andere Gemüse verwenden. Je nach Sorte werden sie kurz vorgekocht, damit sie zur gleichen Zeit weich sind wie die Reiskörner. Nach Belieben kann man das Gemüse auch separat dünsten und erst gegen Schluss unter den Risotto mischen. In Italien ist Risotto normalerweise eine eigenständige Vorspeise oder eine Mahlzeit. Serviert man den Reis als Beilage zu einem Fleischgericht, reicht die rezeptierte Menge für 6 Personen.

Für 4–5 Personen

250 g Stangen- oder andere grüne Bohnen
Salz
1 gelbe Peperoni (Paprika)
1 mittlere Zwiebel
1 Esslöffel Butter
2 Esslöffel Olivenöl
250 g Risottoreis (z. B. Carnaroli, Arborio oder Vialone)
100 ml Weisswein
ca. 800 ml Hühnerbouillon
1 gehäufter Esslöffel Butter zum Abrunden
50 g frisch geriebener Parmesan
schwarzer Pfeffer aus der Mühle

**1** Die Bohnen rüsten. Reichlich Salzwasser aufkochen. Die Bohnen hineingeben und je nach Grösse, Frische und Qualität 3–5 Minuten vorkochen. Abschütten, unter kaltem Wasser abschrecken, abtropfen lassen und je nach Grösse eventuell in Stücke schneiden.

**2** Die Peperoni halbieren, entkernen und in Streifen in der Grösse der Bohnen schneiden.

**3** Die Zwiebel schälen und fein hacken.

**4** In einer grossen Pfanne die Butter und das Olivenöl erhitzen. Die Zwiebel darin hellgelb dünsten. Dann die Bohnen und Peperoni beifügen und unter Wenden 3–4 Minuten mitdünsten.

**5** Den Reis beifügen und so lange miträsten, bis die Körner von einem Fettfilm überzogen sind. Mit dem Weisswein ablöschen und diesen unter Rühren vollständig einkochen lassen.

**6** Nun die Hälfte der Bouillon dazugiessen und wiederum vollständig vom Reis aufnehmen lassen. Nach und nach die restliche Bouillon beifügen und immer wieder einkochen lassen, bevor die nächste Portion nachgegossen wird. Der Risotto ist fertig, wenn die Konsistenz der Körner noch bissfest und der Reis sehr feucht, fast suppig ist. Vom Feuer ziehen, die Butter sowie den Parmesan darunter mischen und mit reichlich frisch gemahlenem Pfeffer sowie wenn nötig mit Salz abschmecken. Sofort servieren.

## Linguine mit Cherrytomaten, Knoblauch und Speck

Die für dieses Teigwarengericht verwendeten Linguine sind flache Spaghetti. Je nach Region werden sie in Italien manchmal auch Trenette oder Bavette genannt. Ersetzt werden können sie durch schmale Nudeln oder normale Spaghetti.
Statt Cherrytomaten kann man auch Stiel- oder Fleischtomaten verwenden, die man nach Belieben schält, quer halbiert, entkernt und in grosse Würfel schneidet.

Für 4 Personen

400 g eher grosse Cherrytomaten
Salz
4 Knoblauchzehen
2 Zweige Salbei
1 Bund Schnittlauch
1 Peperoncino (italienische Pfefferschote)
100 g magerer Bratspeck, in Scheiben geschnitten
300 g Linguine (flache Spaghetti)
3–4 Esslöffel Olivenöl
50 g frisch geriebener Parmesan

1 Die Cherrytomaten waschen und je nach Grösse halbieren oder vierteln. Mit etwas Salz bestreuen.
2 Den Knoblauch schälen und in dünne Scheibchen schneiden. Die Salbei in feinste Streifchen, den Schnittlauch in Röllchen schneiden.
3 Den Peperoncino der Länge nach halbieren, entkernen, in Streifchen und diese in Würfelchen schneiden.
4 Den Bratspeck in dünne Streifen schneiden.
5 Reichlich Salzwasser aufkochen. Die Teigwaren hineingeben und bissfest garen.
6 Inzwischen in einer weiten Pfanne das Olivenöl erhitzen. Den Speck beifügen und kräftig anbraten. Dann die Hitze kleiner stellen und Knoblauch, Salbei, Schnittlauch sowie Peperoncino beifügen und kurz mitdünsten. Zuletzt die Tomaten dazugeben und alles noch 3–4 Minuten zugedeckt dünsten.
7 Die Teigwaren abschütten, gut abtropfen lassen und sofort zu den Tomaten geben. Alles gut mischen, in vorgewärmten tiefen Tellern anrichten und mit dem Parmesan bestreuen.

**Tipp:** In Italien wird ein Koch daran gemessen, ob er Teigwaren perfekt gekocht auf den Tisch bringt. «Al dente» gekochte Pasta hat – wie es auch der italienische Ausdruck besagt – noch etwas Biss. Aber bissfest bedeutet für jeden etwas anderes.
Am besten probiert man gegen Ende der Kochzeit immer wieder eine einzelne Nudel, bis sie genau so gegart ist, wie man es sich wünscht.

# Tante Mias Maccheroni

Eine gute Fleischsauce sollte mindestens eine Stunde leise vor sich hin kochen, dann schmeckt sie himmlisch würzig, weil sich die Aromen aller Zutaten harmonisch miteinander verbunden haben. Als Sommervariante mischt man kurz vor dem Servieren reichlich frisches, fein geschnittenes Basilikum unter die Sauce.

Für 4 Personen

2 Knoblauchwürste (z. B. Chorizo)
200 g Champignons
1 Zweig Stangensellerie
1 Bund glattblättrige Petersilie
1 Zwiebel
3 Knoblauchzehen
1 Peperoncino (italienische Pfefferschote)
100 ml Olivenöl
300 g geschnetzeltes Schweinefleisch
200 ml Rotwein
2 Esslöffel Tomatenpüree
1 Dose gehackte Tomaten (400 g)
2 Zweige Rosmarin
Salz, schwarzer Pfeffer aus der Mühle
300 g Maccheroni oder eine andere Teigwarensorte

**1** Die Knoblauchwürste kurz in heisses Wasser tauchen, dann lassen sie sich problemlos schälen. Schälen und in dünne Scheiben schneiden.
**2** Die Champignons rüsten und in dicke Scheiben schneiden. Den Stangensellerie rüsten und mitsamt schönem Grün in dünne Scheibchen schneiden.
**3** Die Petersilie nicht zu fein hacken. Die Zwiebel und die Knoblauchzehen schälen und ebenfalls hacken. Den Peperoncino der Länge nach halbieren, entkernen und in Streifchen schneiden.
**4** In einer grossen Pfanne das Olivenöl erhitzen. Die Zwiebel und die Knoblauchzehen darin andünsten. Die Hitze höher stellen und das Geschnetzelte sowie die Knoblauchwurst beifügen und mitbraten. Die Champignons, den Stangensellerie, die Petersilie und den Peperoncino dazugeben und alles kurz mitrösten. Mit dem Rotwein ablöschen und diesen leicht einkochen lassen.
**5** Das Tomatenpüree und die Dosentomaten beifügen. Die Rosmarinzweige dazulegen und die Sauce mit Salz sowie Pfeffer würzen. Auf kleinem Feuer während mindestens 1 Stunde, besser aber etwa 1½ Stunden leise kochen lassen.
**6** Etwa 20 Minuten vor dem Servieren reichlich Salzwasser aufkochen. Die Teigwaren hineingeben und bissfest garen. Abschütten, gut abtropfen lassen und sofort mit der Fleischsauce mischen. Nach Belieben geriebenen Parmesan separat dazu reichen.

## Orecchiette mit Dörrtomaten und Oliven

Insgesamt gibt es in Italien über 300 verschiedene Pastaformen, und jede Form soll angeblich zu einer bestimmten Sauce passen. Aber lassen Sie sich von der grossen Auswahl nicht abschrecken und wählen Sie die Sorte Ihrer persönlichen Vorliebe. Orecchiette sind Teigwaren, die wie eine kleine Ohrmuschel geformt sind. Sie sind eine Spezialität aus Apulien, von wo auch die Sauce mit den Dörrtomaten stammt.

Für 4 Personen

100 g in Olivenöl eingelegte getrocknete Tomaten, abgetropft gewogen
1 Schalotte
4 Knoblauchzehen
1 Peperoncino (italienische Pfefferschote)
75 ml kaltgepresstes Olivenöl
100 ml Weisswein
10 g Kapern
1 Bund glattblättrige Petersilie
8–10 schwarze Oliven
Salz, schwarzer Pfeffer
350 g Orecchiette

1 Die getrockneten Tomaten auf Küchenpapier abtropfen lassen. In feine Streifen schneiden.
2 Die Schalotte schälen und fein hacken. Den Knoblauch schälen und in dünne Scheibchen schneiden. Die Pfefferschote der Länge nach halbieren, entkernen und in Streifchen schneiden.
3 Das Olivenöl erhitzen. Schalotte, Knoblauch, Pfefferschote und Tomaten darin andünsten. Mit dem Weisswein ablöschen. Die Kapern kurz unter warmem Wasser spülen und beifügen. Alles auf kleinem Feuer 5 Minuten kochen lassen.
4 Inzwischen die Petersilie grob hacken. Die Oliven entsteinen und in Streifchen schneiden. Beides zur Sauce geben und diese nochmals 5 Minuten kochen lassen. Mit Salz und Pfeffer abschmecken.
5 Gleichzeitig mit der Zubereitung der Sauce die Orecchiette in reichlich kochendem Salzwasser bissfest garen. Abschütten, gut abtropfen lassen und sofort mit der Sauce mischen.

**Tipp:** Über die Notwendigkeit, etwas Öl ins Teigwarenkochwasser zu geben, streiten sich die Kenner. Viel wichtiger hingegen ist, dass man die Teigwaren sofort umrührt, nachdem man sie ins Wasser gegeben hat, damit sie nicht aneinander und auf dem Topfboden festkleben.

## Penne an Rucola-Tomaten-Sauce

Rucola ist bei uns als italienische Salatspezialität hoch im Kurs. Genauso gut schmeckt das Kraut auch als Gemüse – wie Spinat – zubereitet oder als würziger Bestandteil dieser cremigen Tomaten-Rahm-Sauce. Sie eignet sich besonders gut für alle röhren- oder hohlförmigen Teigwarensorten, die viel Sauce aufnehmen.

Für 4–5 Personen

1 mittlere Zwiebel
1 Knoblauchzehe
1 Dose gehackte Tomaten (400 g) oder
500 g frische, vollreife Tomaten
3–4 Esslöffel Olivenöl
Salz, schwarzer Pfeffer aus der Mühle
100 g Rucola
100 g Schinken, in dünne Scheiben geschnitten
350 g Penne oder andere röhrenförmige Teigwaren
150 ml Doppelrahm

1 Die Zwiebel und den Knoblauch schälen und fein hacken.
2 Bei Verwendung von frischen Tomaten diese kurz in kochendes Wasser tauchen, schälen, quer halbieren, entkernen und grob hacken.
3 In einer mittleren Pfanne das Olivenöl erhitzen. Zwiebel und Knoblauch darin unter Wenden 3–4 Minuten dünsten. Dann die Dosentomaten oder die vorbereiteten frischen Tomaten beifügen. Unter häufigem Umrühren halb zugedeckt etwa 30 Minuten (Tomaten aus der Dose) bis 45 Minuten (frische Tomaten) zu einer dicken Sauce einkochen lassen. Am Schluss mit Salz und Pfeffer würzen.
4 Inzwischen den Rucola waschen und gut abtropfen lassen. Grobe Stiele entfernen. Das Gemüse grob hacken.
5 Die Schinkenscheiben in kleine Vierecke schneiden.
6 Etwa 20 Minuten vor dem Servieren reichlich Salzwasser aufkochen. Die Teigwaren hineingeben und bissfest garen.
7 Inzwischen Schinken und Doppelrahm zur Tomatensauce geben und etwa 5 Minuten kochen lassen. Dann den Rucola beifügen und alles unter Rühren noch 1 Minute kochen lassen. Mit Salz und Pfeffer abschmecken.
8 Die Teigwaren abschütten und gut abtropfen lassen. Dann sofort mit der Sauce mischen und in einer vorgewärmten Schüssel anrichten. Nach Belieben separat dazu geriebenen Parmesan servieren.

## Lasagne mit Ricotta und Tomaten

Dieser saftige Teigwarengratin gibt zwar etwas Arbeit, kann aber bereits am Vorabend zubereitet werden, so dass man ihn vor dem Essen nur noch zu backen braucht. Die Zahl der zu verwendenden Lasagneblätter hängt weitgehend von der Grösse der Form ab, in welcher der Gratin zubereitet wird.

Für 4 Personen

Tomatensauce:
3 Dosen Tomaten à 400 g oder ca. 1,4 kg frische Tomaten
1 mittlere Zwiebel
2 Knoblauchzehen
3–4 Esslöffel Olivenöl
4 Esslöffel Tomatenpüree
Salz, schwarzer Pfeffer aus der Mühle

Füllung:
12–16 Lasagneblätter
250 g Ricotta oder Magerquark
250 g Mascarpone oder Crème fraîche
75 g geriebener Parmesan oder Sbrinz
1 Bund Petersilie
Salz, schwarzer Pfeffer

Zum Überbacken:
25 g geriebener Parmesan oder Sbrinz
einige Butterflocken

**1** Werden für die Sauce frische Tomaten verwendet, diese kurz in kochendes Wasser tauchen, schälen und in Würfel schneiden. Dosentomaten werden mitsamt Saft verwendet.
**2** Die Zwiebel und die Knoblauchzehen schälen und fein hacken.
**3** In einer mittleren Pfanne das Olivenöl erhitzen. Zwiebel und Knoblauch darin andünsten. Die Tomaten und das Tomatenpüree beifügen. Alles mit Salz und Pfeffer würzen. Die Sauce auf kleinem Feuer halb zugedeckt etwa 30 Minuten kochen lassen.
**4** Inzwischen in einem grossen Topf reichlich Salzwasser aufkochen. Die Lasagneblätter hineingeben und nur knapp bissfest garen. Sorgfältig einzeln herausheben und entweder nebeneinander auf einem Küchentuch auslegen oder bis zur Verwendung in eine Schüssel mit kaltem Wasser legen.
**5** Ricotta oder Magerquark, Mascarpone oder die Crème fraîche sowie Käse mischen. Die Petersilie fein hacken und beifügen. Die Masse pikant mit Salz und Pfeffer würzen.
**6** Eine mittlere Gratinform grosszügig ausbuttern. Etwas Tomatensauce und eine Lage Lasagneblätter auf dem Boden verteilen. Darauf die Hälfte der Ricottamasse ausstreichen und mit einer weiteren Schicht Lasagneblätter bedecken. Dann die Hälfte der Tomatensauce darüber geben und diese wiederum mit Teigblättern bedecken. Die restliche Ricottafüllung darauf ausstreichen und mit Lasagneblättern bedecken. Mit Tomatensauce abschliessen. Alles mit Käse bestreuen und grosszügig mit Butterflocken belegen.
**7** Die Lasagne im auf 200 Grad vorgeheizten Ofen auf der zweituntersten Rille etwa 30 Minuten überbacken.

# Ligurische Focaccia mit Zwiebeln

Die Focaccia war einst das Vorbild für die Pizza, die mit dem gleichen Teig zubereitet wird. Heute versteht man darunter eine Art flachen Brotfladen, der nur mit Olivenöl bestrichen und mit Salz bestreut oder aber mit verschiedenen Zutaten wie Oliven, Zwiebeln, Kartoffeln, Käsestückchen usw. belegt wird.

Für 6–8 Personen zum Aperitif

Teig:
400 g Mehl
3/4 Teelöffel Salz
20 g Hefe
knapp 200 ml lauwarmes Wasser
2 Esslöffel Olivenöl

Belag:
4 grosse Zwiebeln
75 ml Olivenöl
4 Zweige Thymian
Salz, schwarzer Pfeffer aus der Mühle

1 Das Mehl in eine Schüssel geben und mit dem Salz mischen. Die Hefe im lauwarmen Wasser auflösen und mit dem Olivenöl zum Mehl geben. Alles 8–10 Minuten zu einem glatten, geschmeidigen Teig kneten. Zugedeckt in der Schüssel 1 Stunde an einem warmen Ort aufgehen lassen.

2 Die Zwiebeln schälen und in dünne Ringe schneiden. In gut der Hälfte des Olivenöls etwa 5 Minuten dünsten.

3 Die Thymianblättchen von den Zweigen zupfen.

4 Den Teig gut ½ cm dick rechteckig ausrollen. Auf ein mit Backpapier belegtes Blech geben. Mit dem restlichen Olivenöl grosszügig bestreichen. Die Zwiebeln auf dem Teig verteilen, mit dem Thymian bestreuen und mit Salz sowie frisch gemahlenem Pfeffer würzen.

5 Die Focaccia im auf 220 Grad vorgeheizten Ofen auf der zweituntersten Rille 25–30 Minuten backen.

**Tipp:** Mit dem Teig für den Zwiebelkuchen kann man auch andere pizzaähnliche Fladen backen:

– Für eine Schiacciatina, die Urform der Pizza, aus dem Teig sehr dünne Fladen von etwa 10 cm Durchmesser formen, mit reichlich Olivenöl beträufeln und backen. Sobald die Oberfläche goldbraun ist, die Fladen wieder mit Öl beträufeln, salzen, mit Rosmarin oder Oregano bestreuen und nochmals kurz backen.

– Die Fladen wie oben beschrieben formen und zubereiten, jedoch ohne Kräuter. Nach dem Backen mit hauchdünn aufgeschnittenem Parmaschinken belegen und warm servieren.

– Den dünn ausgerollten Teig mit fein gescheibelten Kartoffeln, Zwiebelringen und Rosmarinnadeln belegen, mit reichlich Olivenöl beträufeln und backen.

– In die Teigoberfläche mit dem Finger kleine Vertiefungen drücken und diese mit Knoblauchscheiben und Tomatenwürfeln füllen, salzen, mit Oregano bestreuen, mit reichlich Olivenöl beträufeln und backen.

## Pasta-Pizza

Zwei Klassiker vereint: Gekochte feine Spaghetti ersetzen den Pizzateig und werden mit einer Hackfleisch-Gemüse-Mischung sowie einem Käseguss überbacken.

Für 5–6 Personen

Je 1 rote, gelbe und grüne Peperoni (Paprika)
2 mittlere Zucchetti
1 Stange Lauch
1 mittlere Zwiebel
30 g Butter
400 g gehacktes Rindfleisch
2 Esslöffel Tomatenpüree
2 Teelöffel frische Thymianblättchen
Salz, schwarzer Pfeffer
400 g Spaghettini (dünne Spaghetti)
200 ml Rahm
100 ml Milch
4 Eier
100 g geriebener Greyerzer
75 g geriebener Sbrinz oder Parmesan

**1** Die Peperoni halbieren, entkernen und in Streifen schneiden. Den Stielansatz der Zucchetti entfernen und die Früchte ungeschält in Scheiben schneiden. Den Lauch rüsten und in Ringe schneiden. Die Zwiebel schälen und fein hacken.

**2** In einer weiten Pfanne die Butter schmelzen. Die Zwiebel darin andünsten. Das Hackfleisch beifügen und Farbe annehmen lassen. Das Gemüse beifügen und kurz mitdünsten. Das Tomatenpüree und den Thymian dazugeben. Alles mit Salz und Pfeffer würzen. Die Mischung auf kleinem Feuer unter gelegentlichem Wenden zugedeckt 5 Minuten dünsten; keine Flüssigkeit zugeben!

**3** Gleichzeitig reichlich Salzwasser aufkochen. Die Spaghettini darin nur gerade knapp weich garen. Abschütten und gründlich kalt abschrecken, damit die Teigwaren nicht zusammenkleben.

**4** Ein Backofenblech grosszügig buttern. Die Spaghettini auf dem Blech verteilen und die Fleisch-Gemüse-Mischung darauf geben. Rahm, Milch, Eier und den geriebenen Greyerzer verquirlen. Den Guss mit Salz und Pfeffer würzen. Über die Spaghettini verteilen. Alles mit Parmesan oder Sbrinz bestreuen.

**5** Die Pasta-Pizza im auf 220 Grad vorgeheizten Ofen auf der untersten Rille etwa 30 Minuten backen. In Stücke schneiden und servieren.

## Pizza mit Peperoni und Feigen

Auf den ersten Blick ein ungewöhnlicher Pizzabelag, doch Feigen passen hervorragend zu Käse. Nach Belieben kann man einen Teil des Mozzarellas durch Mascarpone-Gorgonzola ersetzen, was den Belag besonders pikant macht. In diesem Fall den Mozzarella an der Röstiraffel reiben oder mit dem Wiegemesser grob hacken.

Ergibt 4 mittlere Pizzen

Teig:
400 g Mehl
1 Teelöffel Salz
20 g Hefe
knapp 200 ml lauwarmes Wasser
2 Esslöffel Olivenöl

Belag:
4 grüne Peperoni (Paprika)
3–4 Esslöffel Olivenöl zum Dünsten
Salz, schwarzer Pfeffer aus der Mühle
6 reife Feigen
1 kleine Dose gehackte Tomaten (200 g)
300 g Mozzarella
Olivenöl zum Beträufeln

Pizza mit Gorgonzola
und Äpfeln
Pizza mit frischen
und getrockneten Tomaten
Pizza mit Peperoni
und Feigen
Pasta-Pizza

1 Den Teig nach dem Rezept Seite 60 (Ligurische Focaccia) zubereiten.
2 Die Peperoni halbieren, entkernen und in Streifen schneiden. Im heissen Olivenöl weich dünsten. Mit Salz und Pfeffer würzen und auskühlen lassen.
3 Die Feigen der Länge nach halbieren.
4 Die Tomaten mit Salz und Pfeffer würzen und gut verrühren.
5 Den Mozzarella in Scheiben schneiden.
6 Den Teig nochmals durchkneten und in 4 Portionen teilen. Jedes Teigstück nicht dicker als 3–4 mm ausrollen. Auf ein gefettetes Blech legen. Mit Tomatensauce bestreichen. Peperoni, Feigen und Mozzarella darauf verteilen. Alles mit etwas Olivenöl beträufeln.
7 Die Pizzen im auf 220 Grad vorgeheizten Ofen auf der untersten Rille etwa 20 Minuten backen. Vor dem Servieren mit frisch gemahlenem schwarzem Pfeffer bestreuen.

## Pizza mit frischen und getrockneten Tomaten

**Eine typische Sommerpizza, die frische, sonnenreife Tomaten mit an der Sonne gedörrten Tomaten vereint. Gewürzt wird sie mit jungen Zwiebeln und reichlich Basilikum. Eine Mischung, die übrigens nicht nur als Pizzabelag schmeckt, sondern auch auf Weissbrotscheiben passt, die im Ofen kurz überbacken werden.**

Ergibt 4 mittlere Pizzen

Teig:
400 g Mehl
1 Teelöffel Salz
20 g Hefe
knapp 200 ml lauwarmes Wasser
2 Esslöffel Olivenöl

Belag:
2 Frühlingszwiebeln
2 Knoblauchzehen
125 g in Öl eingelegte getrocknete Tomaten, abgetropft gewogen
4 Esslöffel Öl von den eingelegten Tomaten oder Olivenöl
75 ml Weisswein
1 Bund Basilikum
3–4 fleischige Tomaten
Salz, schwarzer Pfeffer aus der Mühle
80 g geriebener Parmesan oder Pecorino

1 Den Teig nach dem Rezept Seite 60 (Ligurische Focaccia) zubereiten.
2 Die Frühlingszwiebeln mitsamt schönem Grün grob hacken. Den Knoblauch schälen und fein hacken. Die getrocknten Tomaten in Streifchen schneiden.
3 Die Hälfte des Tomaten- oder Olivenöls erhitzen. Frühlingszwiebeln und Knoblauch darin andünsten. Die getrockneten Tomaten beifügen, den Wein dazugiessen und praktisch vollständig einkochen lassen. Vom Feuer nehmen. Das Basilikum in Streifchen schneiden und darunter mischen.
4 Die frischen Tomaten kurz in kochendes Wasser tauchen, schälen, quer halbieren, entkernen und würfeln. Im restlichen Tomaten- oder Olivenöl etwa 10 Minuten dünsten. Mit Salz und Pfeffer würzen. Auskühlen lassen.

5 Den aufgegangenen Teig nochmals durchkneten und in 4 Portionen teilen. Jedes Teigstück nicht dicker als 3–4 mm ausrollen. Auf ein gefettetes Blech legen. Die frischen Tomaten darauf ausstreichen. Die Dörrtomatenmischung darüber verteilen. Mit dem Parmesan oder Pecorino bestreuen.
6 Die Pizzen im auf 220 Grad vorgeheizten Ofen auf der untersten Rille etwa 20 Minuten backen. Vor dem Servieren mit frisch gemahlenem Pfeffer bestreuen.

## Pizza mit Gorgonzola und Äpfeln

**Der berühmteste Blauschimmelkäse Italiens ist der Gorgonzola, den es in guten Käsegeschäften nicht nur in verschiedenen Reifestadien zu kaufen gibt, sondern auch als Schichtkäse mit Mascarpone, der ihm ein besonders cremiges, zartes Aroma verleiht. Für diese Pizza wird Gorgonzola – es kann auch Mascarpone-Gorgonzola sein – mit einem hausgemachten Apfelpüree und Apfelschnitzchen kombiniert.**

Ergibt 4 mittlere Pizzen

Teig:
400 g Mehl
1 Teelöffel Salz
20 g Hefe
knapp 200 ml lauwarmes Wasser
2 Esslöffel Olivenöl

Belag:
4 säuerliche Äpfel
2 Esslöffel Zucker
2–3 Esslöffel Weisswein
1 Esslöffel Zitronensaft
300 g Gorgonzola
etwas Olivenöl
schwarzer Pfeffer aus der Mühle

1 Den Teig nach dem Rezept Seite 60 (Ligurische Focaccia) zubereiten.
2 Für den Belag 2 Äpfel schälen und klein würfeln. Mit dem Zucker und dem Weisswein in eine Pfanne geben und zugedeckt weich dünsten. Mit dem Mixstab pürieren. Auskühlen lassen.
3 Die restlichen beiden Äpfel ebenfalls schälen und in dünne Schnitzchen schneiden. Sofort mit dem Zitronensaft mischen.
4 Den aufgegangenen Teig in 4 Portionen teilen. Jedes Teigstück nicht dicker als 3–4 mm ausrollen. Auf ein gefettetes Blech legen. Den Gorgonzola zerbröckeln, mit dem Apfelpüree mischen und auf den Teigböden verteilen. Mit wenig Olivenöl beträufeln und mit den Apfelschnitzchen garnieren.
5 Die Pizzen im auf 220 Grad vorgeheizten Ofen auf der untersten Rille 20–25 Minuten backen. Vor dem Servieren mit frisch gemahlenem schwarzem Pfeffer bestreuen.

## Calzone pugliese

Calzone, wörtlich «Hose», ist die Bezeichnung für eine kleinere gefüllte Teigtasche oder einen gedeckten Kuchen aus Pizzateig. In Neapel, der Urheimat der Pizza, füllt man die Calzone mit Provolone- und Mozzarellakäse sowie pikanter neapolitanischer Wurst oder Salami. Die Zutaten werden gewürfelt und mit verquirlten Eiern vermischt. Traditionell ist auch die Füllung für diese Calzone aus Apulien: Sie besteht aus reichlich geschmorten Zwiebeln, Tomaten, schwarzen Oliven, Kapern, Petersilie und Pecorino oder Parmesan.

Für 4–6 Personen

Teig:
400 g Mehl
1 Teelöffel Salz
20 g Hefe
knapp 200 ml lauwarmes Wasser
2 Esslöffel Olivenöl

Füllung:
500 g Zwiebeln
50 ml Olivenöl
Salz, Pfeffer
400 g Tomaten
50–75 g schwarze Oliven
1 gehäufter Esslöffel Kapern
1 Bund glattblättrige Petersilie
80 g geriebener Parmesan oder Pecorino
etwas Olivenöl zum Bestreichen

1 Den Teig nach dem Rezept Seite 66 (Ligurische Focaccia) zubereiten.
2 Die Zwiebeln schälen, halbieren und in Streifen schneiden. Im heissen Olivenöl unter Wenden weich dünsten. Mit Salz und Pfeffer würzen. Auskühlen lassen.
3 Die Tomaten kurz in kochendes Wasser tauchen, schälen, quer halbieren, entkernen und klein würfeln.
4 Die Oliven entsteinen und in Streifen schneiden. Die Kapern kurz unter warmem Wasser spülen. Die Petersilie fein hacken.
5 Tomaten, Oliven, Kapern, Petersilie und geriebenen Parmesan oder Pecorino mit den ausgekühlten Zwiebeln mischen.
6 Den Teig nochmals kurz durchkneten. In ein etwas grösseres und ein kleineres Teigstück teilen. Die grössere Hälfte rund 2–3 mm dünn ausrollen. Ein gefettetes Wähenblech oder eine Pieform von 26–28 cm Durchmesser damit auslegen, und zwar so, dass der Teig leicht über den Rand hinausragt. Die Zwiebelmasse auf dem Teigboden verteilen.
7 Das zweite Teigstück etwas grösser als die Form ausrollen und über die Füllung legen. Die Ränder zusammendrücken und nach innen rollen, so dass sie die Calzone wie eine Kordel umkränzen. Den Teigdeckel nach Belieben mit Teigresten verzieren.
8 Die Calzone mit Olivenöl bestreichen. Auf der untersten Rille des auf 220 Grad vorgeheizten Ofens etwa 30 Minuten backen. Heiss servieren.

## Zucchetti-Crostata

Was in Frankreich eine Tarte oder Quiche ist, nennt sich in Italien Crostata. Wie ihre französischen Verwandten wird sie immer auf der Basis eines salzigen Mürbeteigs zubereitet. In diesem Rezept belegt man den Teigboden mit grob geraspelten Zucchetti, die mit einem Ei-Milch-Käse-Guss mit viel Basilikum bedeckt werden.

Ergibt 8–12 Stück

Teig:
300 g Mehl
1 Teelöffel Salz
150 g kalte Butter
ca. 50 ml eiskaltes Wasser

Füllung:
800 g Zucchetti
Salz, Pfeffer aus der Mühle
100 ml Milch
3 Eier
75 g geriebener Parmesan
10–12 Basilikumblätter

**1** Für den Teig das Mehl in eine Schüssel sieben und mit dem Salz mischen. Die Butter in kleinen Flocken dazuschneiden. Alles rasch zwischen den Fingern zu einer bröseligen Masse reiben. Das kalte Wasser beifügen und die Zutaten zu einem glatten Teig zusammenkneten. In Klarsichtfolie gewickelt mindestens ½ Stunde kühl stellen.
**2** In der Zwischenzeit die Zucchetti waschen, den Stielansatz entfernen und die Früchte ungeschält an der Röstiraffel reiben. Mit etwas Salz und Pfeffer würzen und mischen.
**3** Die Milch mit den Eiern verquirlen. Den Parmesan untermischen. Das Basilikum fein schneiden, beifügen und alles mit den geraffelten Zucchetti mischen. Wenn nötig nachwürzen.
**4** Ein Wähenblech oder eine Pieform von etwa 24 cm Durchmesser ausbuttern und mit wenig Mehl bestäuben.
**5** Den Teig auf wenig Mehl etwas grösser als die Form ausrollen und diese damit auslegen. Den Boden mit einer Gabel regelmässig einstechen. Die Zucchettimasse darauf verteilen.
**6** Die Crostata auf der untersten Rille des auf 200 Grad vorgeheizten Ofens 30–35 Minuten backen.

## Sommer-Quiche

An einen schönen Sommertag in der Provence erinnert dieser köstliche pikante Kuchen mit einer Füllung aus Cherrytomaten, viel Basilikum, Frühlingszwiebeln, Rohschinken und einem Eier-Rahm-Guss. Kein Schlankheitsmenü – aber himmlisch gut!

Ergibt 8–12 Stück

Teig:
300 g Mehl
1 Teelöffel Salz
200 g kalte Butter
3–4 Esslöffel kaltes Wasser

Füllung:
2 Bund Frühlingszwiebeln
1 Esslöffel Butter
ca. 250 g Cherrytomaten
100 g Rohschinken, in dünne Scheiben geschnitten
2 Bund Basilikum
4 Eier
200 ml Crème fraîche
200 ml Rahm
Salz, schwarzer Pfeffer aus der Mühle

Sommer-Quiche
Zucchetti-Crostata

1 Mehl und Salz mischen. Die Butter in kleinen Flocken dazuschneiden. Alles rasch zwischen den Fingern zu einer bröseligen Masse reiben. Das Wasser beifügen und die Zutaten zu einem glatten Teig zusammenkneten. In Klarsichtfolie gewickelt mindestens ½ Stunde kühl stellen.
2 Inzwischen die Füllung vorbereiten: Die Frühlingszwiebeln mitsamt schönem Grün in dünne Scheiben schneiden.
3 In einer weiten Pfanne die Butter schmelzen. Die Frühlingszwiebeln darin kurz dünsten. Auskühlen lassen.
4 Die Cherrytomaten sekundenschnell in kochendes Wasser geben, abschütten, kalt abschrecken und häuten.
5 Den Rohschinken in feine Streifchen schneiden. Das Basilikum hacken.
6 Eine Pieform oder ein Wähenblech von 26–28 cm Durchmesser ausbuttern und mit wenig Mehl bestäuben.
7 Den Teig rund 2–3 mm dünn ausrollen und die vorbereitete Form damit auslegen. Den Boden mit einer Gabel regelmässig einstechen. Mindestens 15 Minuten, besser aber länger kühl stellen.
8 Die Eier, die Crème fraîche und den Rahm verquirlen und den Guss mit Salz sowie Pfeffer würzen.
9 Frühlingszwiebeln, Rohschinken und Basilikum auf dem Teigboden verteilen. Den Guss darüber geben. Die Cherrytomaten hineinsetzen.
10 Die Quiche im auf 220 Grad vorgeheizten Ofen auf der untersten Rille etwa 40 Minuten backen. Dunkelt die Oberfläche zu schnell, mit Alufolie abdecken.
Vor dem Servieren mindestens 10 Minuten ruhen lassen, damit sich die Füllung etwas setzen kann.

## Olivenbrot

**Nach diesem Rezept lässt sich auch ein Tomaten- oder Kräuterbrot zubereiten (siehe Tipp). Die Brote sind nicht nur köstliche Begleiter zu vielen Mahlzeiten, sondern lassen sich auch sehr gut für die Zubereitung von Crostini verwenden. Dazu in Scheiben schneiden, mit Olivenöl bestreichen, kurz rösten und noch warm mit einem Belag nach Wahl (siehe Rezepte Seiten 24–27) versehen.**

Ergibt 2 Stück

350 g Halbweissmehl
ca. 200 ml lauwarme Milch
½ Würfel Frischhefe (ca. 20 g)
1 gehäufter Teelöffel Salz
3–4 Esslöffel Olivenöl
75 g grüne oder schwarze Oliven

1 Das Mehl in eine Schüssel geben und in der Mitte eine Vertiefung drücken. Die Hälfte der Milch mit der Hefe verrühren und in die Mehlmulde giessen. Mit etwas Mehl verrühren.
2 Die restliche Milch mit dem Salz verrühren und zusammen mit dem Öl beifügen. Alles mischen

Tomatenbrot
Olivenbrot
Kräuterbrot

und 8–10 Minuten zu einem glatten, geschmeidigen Teig kneten. Zugedeckt an einem warmen Ort etwa 1½ Stunden aufgehen lassen.

3 Die Oliven entsteinen und in feine Streifchen schneiden oder grob hacken. Unter den aufgegangenen Teig kneten.

4 Aus dem Teig 2 Brotlaibe formen, auf ein mit Backpapier belegtes Blech setzen, nach Belieben tief einschneiden und mit einem Tuch bedeckt nochmals 30 Minuten aufgehen lassen.

5 Den Backofen auf 220 Grad vorheizen.

6 Die Brote mit wenig Mehl bestäuben. Im 220 Grad heissen Ofen auf der untersten Rille etwa 30 Minuten backen. Lauwarm schmeckt das Brot besonders gut.

**Tipp:** Nach demselben Rezept lassen sich auch andere Brote herstellen:

### Tomatenbrot

Mit dem Mehl, der Milch, der Hefe, dem Salz und dem Öl 1 Esslöffel Tomatenpüree verkneten. 60 g in Öl eingelegte getrocknete Tomaten in Streifchen schneiden oder grob hacken und nach dem Aufgehen zusammen mit einer fein gehackten Zwiebel unter den Teig kneten.

### Kräuterbrot

Die Nadeln von 2 Rosmarinzweigen, 6–8 Salbeiblätter, die Blättchen von ½ Bund Thymian oder Oregano sowie 1 mittlere Zwiebel fein hacken und unter den aufgegangenen Teig kneten.

## Fladenbrot

**Fladenbrot ist unentbehrliche Beilage zu vielen orientalischen Gerichten, passt aber auch ausgezeichnet zu vielen Mittelmeerspezialitäten. Durch die Luftblasen im Inneren eignet es sich gut zum Füllen.**

Ergibt 8 Stück

200 g Ruchmehl
300 g Weissmehl
1 gehäufter Teelöffel Salz
1 Würfel frische Hefe (42 g)
ca. 350 ml lauwarmes Wasser
nach Belieben 1 Esslöffel schwarzer Sesam

1 Die beiden Mehlsorten in eine Schüssel geben und mit dem Salz mischen. In der Mitte eine Vertiefung bilden.

2 Die Hefe zerbröckeln und mit 50 ml des lauwarmen Wassers verrühren. In die Mehlmulde giessen und mit etwas Mehl mischen. Das restliche Wasser dazugeben. Alles zu einem klebrigen Teig mischen. Zugedeckt an einem warmen Ort etwa 45 Minuten aufgehen lassen.

**3** Die Sesamsamen, falls verwendet, im Cutter oder im Mörser fein zermahlen. Zum aufgegangenen Teig geben. Den Teig etwa 10 Minuten kräftig kneten, bis er schön geschmeidig ist. Zugedeckt weitere 45 Minuten aufgehen lassen.
**4** Den Backofen auf 250 Grad vorheizen.
**5** Den Teig nochmals gut durchkneten, dann in 8 Portionen teilen. Jedes Teigstück auf der bemehlten Arbeitsfläche zu einer Kugel formen, dann zu einem Fladen von etwa 12 cm Durchmesser ausrollen. Auf ein mit Backpapier belegtes Blech legen. Mit einem Tuch bedecken und nochmals etwa 15 Minuten aufgehen lassen.
**6** Die Fladenbrote in der Mitte des 250 Grad heissen Ofens 10–12 Minuten goldbraun backen; dabei entstehen im Inneren Luftblasen, die die Brote aufblähen.
Lauwarm servieren.

## Maistaler

**Eine passende Beilage zum italienischen Kalbsbraten Seite 98, aber auch zu vielen anderen Fleischgerichten.**

Für 4–6 Personen

200 ml Milch
300 ml Hühner- oder Gemüsebouillon
130 g grober Maisgriess
½ kleine Stange Lauch
4 gehäufte Esslöffel Maiskörner (aus der Dose)
2 Esslöffel geriebener Sbrinz
1 Esslöffel Butter
Salz
Paniermehl zum Formen der Küchlein
2 Esslöffel Bratbutter

**1** Milch und Bouillon zusammen aufkochen. Den Maisgriess beifügen und zugedeckt auf kleinem Feuer unter öfterem Umrühren etwa 30 Minuten ausquellen lassen.
**2** Inzwischen den Lauch der Länge nach in Streifen, dann in Würfelchen schneiden. In wenig kochendem Salzwasser 1 Minute vorgaren. Abtropfen lassen. Mit den Maiskörnern, dem Sbrinz und der Butter unter den Mais rühren. Wenn nötig nachwürzen und auskühlen lassen.
**3** Von der Maismasse jeweils 1 gehäuften Esslöffel abstechen und in etwas Paniermehl zu einem kleinen Küchlein formen.
**4** Die Maistaler in einer beschichteten Bratpfanne in der nicht zu heissen Bratbutter (sonst spritzen die Maiskörner!) beidseitig golden braten.

## Kräuterpolenta mit Kefen und Cherrytomaten

Sehr cremig, fast «flüssig» in der Konsistenz soll diese reichhaltige Gemüsepolenta sein. Sie ist eine eigenständige Mahlzeit, passt aber auch gut als Beilage zu vielen kurz gebratenen Fleischspezialitäten. Anstelle von Kefen (Zuckerschoten) kann man auch Erbsen oder grüne Bohnen verwenden.

Für 4–6 Personen

1 Bund Frühlingszwiebeln
1 Bund glattblättrige Petersilie
½ Bund Oregano
6 Salbeiblätter
1 grosser Zweig Rosmarin
2 Esslöffel Butter
1 l Gemüse- oder Hühnerbouillon
200 g mittelfeiner Polentagriess
400 g Cherrytomaten
Salz, schwarzer Pfeffer aus der Mühle
400 g Kefen (Zuckerschoten)
3–4 Esslöffel Olivenöl
75 g Mascarpone
40 g frisch geriebener Parmesan

**1** Die Frühlingszwiebeln mitsamt schönem Grün hacken. Petersilie, Oregano, Salbei und Rosmarin fein schneiden.

**2** In einem Topf die Hälfte der Butter schmelzen. Zwei Drittel der Frühlingszwiebeln sowie alle Kräuter darin andünsten. Die Bouillon dazugiessen und aufkochen. Den Polentagriess unter Rühren einrieseln lassen. Zugedeckt auf kleinstem Feuer etwa 20 Minuten ausquellen lassen; gelegentlich umrühren.

**3** Inzwischen die Cherrytomaten je nach Grösse halbieren oder vierteln. Mit Salz und Pfeffer bestreuen. Die Kefen rüsten und schräg in 1½–2 cm breite Streifen schneiden.

**4** In einem zweiten Topf das Olivenöl erhitzen. Die restlichen Frühlingszwiebeln darin hellgelb dünsten. Die Kefen beifügen und kurz mitdünsten. 1–2 Esslöffel Wasser beifügen, das Gemüse mit Salz und Pfeffer würzen und knackig dünsten. Am Schluss die Cherrytomaten darunter mischen und nur noch 2–3 Minuten mitdünsten.

**5** Unter die fertige Polenta, die noch recht «flüssig» sein soll (wenn nötig mit etwas Bouillon verdünnen), den Mascarpone und den Käse rühren. Mit Salz und Pfeffer abschmecken. Das Kefen-Tomaten-Gemüse darauf anrichten.

# Das Beste von Küste und Weide

## Muscheltopf

Miesmuscheln gehören zu den weltweit am häufigsten vorkommenden Schalentieren. Ganz besonders beliebt sind sie in der Mittelmeerküche. In diesem Rezept werden sie mit einem würzigen Kräuterrahmjus mit Gemüsewürfelchen zubereitet. Wer Dill nicht mag, ersetzt ihn durch Basilikum, glattblättrige Petersilie oder Schnittlauch. Zum Servieren kann man die Muscheln mit den Schalen anrichten oder nach Belieben vor der Zubereitung der Sauce von jeder Muschel die eine Schalenhälfte entfernen; anschliessend in der fertigen Sauce zugedeckt kurz stehen lassen, aber nicht mehr kochen.

Für 4 Personen

1 kg Miesmuscheln
2 Karotten
2 Zweige Stangensellerie
1 mittlere Zwiebel
1 Knoblauchzehe
4 Esslöffel Olivenöl
100 ml Weisswein
100 ml Wasser
1 kleines Bund Dill
2 Eigelb
100 ml Rahm
Salz, schwarzer Pfeffer

1 Die Muscheln gründlich unter kaltem Wasser bürsten, dabei die zähen Fäden (Bart) entfernen. Muscheln, die sich nicht mehr schliessen, oder beschädigte Exemplare aussortieren.
2 Die Karotten schälen, der Länge nach in dünne Scheiben, diese in Streifen und dann in Würfelchen schneiden. Den Stangensellerie rüsten und ebenfalls klein würfeln. Die Zwiebel und den Knoblauch schälen und fein hacken.
3 In einer grossen, weiten Pfanne das Olivenöl erhitzen. Die Gemüsewürfelchen, Zwiebel und Knoblauch darin unter Rühren 2–3 Minuten andünsten.
4 Den Weisswein und das Wasser dazugiessen. Aufkochen und 5 Minuten leicht einkochen lassen.
5 Inzwischen den Dill fein hacken. Mit den Eigelben und dem Rahm verrühren und mit wenig Salz sowie Pfeffer zurückhaltend würzen (die Muscheln sind bereits salzig!).
6 Die Muscheln in den Weinsud geben und zugedeckt so lange kochen, bis sich die Muscheln gerade geöffnet haben; dies dauert etwa 4–5 Minuten. Die Muscheln dabei gelegentlich durchschütteln. Mit einer Schaumkelle herausheben. Alle Muscheln, die nach dem Dünsten noch geschlossen sind, wegwerfen. Die Muscheln warm stellen.
7 Den Sud durch ein mit Küchenpapier ausgelegtes Sieb giessen, um allfälligen Sand zu entfernen. In die Pfanne zurückgeben und nochmals aufkochen. Die Rahmmischung dazurühren; nicht mehr kochen lassen, sonst gerinnen die Eigelbe. Die Muscheln beifügen und sofort servieren.

## Riesencrevetten mit Romesco-Sauce

Die pikant gewürzte spanische Romesco-Sauce wird auf der Basis von Mandeln und Gemüse zubereitet und passt zu grilliertem oder gebratenem Fisch, Fleisch, Geflügel, Gemüse oder zu Eiern. Der Sauce sind bezüglich Schärfe keine Grenzen gesetzt: Sie kann von mild – in diesem Fall verwendet man eine gehäutete rote Peperoni (Paprika) anstelle von Peperoncino – bis zu feurig scharf variiert werden. Traditionell wird die Sauce im Mörser zubereitet, doch braucht dann das Mahlen recht viel Kraft!

Für 4 Personen

2 grosse reife Tomaten
1 mittlere Zwiebel
4 Knoblauchzehen
1 Peperoncino (italienische Pfefferschote)
2 Esslöffel Olivenöl zum Dünsten
50 ml Gemüsebouillon oder Wasser
50 ml Weisswein
12 geschälte Mandelkerne
1 Esslöffel Rotweinessig
2–3 Esslöffel Olivenöl
Salz
24 Riesencrevettenschwänze
Olivenöl zum Braten

**1** Die Tomaten kurz in kochendes Wasser geben, herausheben, kurz kalt abschrecken, schälen und grob hacken.
**2** Die Zwiebel und den Knoblauch schälen und fein hacken.
**3** Den Peperoncino der Länge nach halbieren, entkernen und in feine Streifchen schneiden.
**4** Das Olivenöl erhitzen. Die Zwiebel und den Knoblauch darin andünsten. Den Peperoncino, die Tomaten, die Bouillon oder das Wasser sowie den Weisswein beifügen. Alles zugedeckt etwa 20 Minuten leise kochen lassen.
**5** Inzwischen die Mandelkerne in einer Pfanne ohne Fettzugabe leicht rösten. Etwas abkühlen lassen, dann grob hacken.
**6** Die Mandeln, den Essig und das Olivenöl zur Tomatensauce geben und alles im Mixer oder mit dem Stabmixer pürieren. Die Sauce mit Salz abschmecken.
**7** Die Riesencrevetten nach Belieben aus der Schale lösen. Den schwarzen Darmfaden entfernen. Die Riesencrevetten kurz unter kaltem Wasser spülen und mit Küchenpapier trockentupfen.
**8** In einer Bratpfanne etwas Olivenöl erhitzen. Die Riesencrevetten darin nicht zu heiss braten; ohne Schale dauert dies 2–3 Minuten, mit Schale etwa 4 Minuten. Auf einer Platte anrichten und nach Belieben mit Zitronenschnitzen garnieren. Die Sauce separat dazu servieren.

## GRILLIERTER SEETEUFEL AUF MANDEL-PEPERONI

Das Peperonigemüse ist nicht nur eine originelle Beilage zu Fisch, ich serviere es auch sehr gerne zu vielen Grillspezialitäten. Nach Belieben kann man die Peperoni (Paprika) häuten (siehe Seite 30, Gemüse-Pilz-Antipasti), damit sie leichter verdaulich sind. In diesem Fall werden sie erst am Schluss unter die Tomatensauce gemischt, da sie ja bereits vorgegart sind. Hat man keinen Backofengrill, kann man die Fischtranchen auch in etwas Marinade in der Pfanne braten.

Für 4 Personen

½ Bund glattblättrige Petersilie
6 Zweige Thymian
2 Knoblauchzehen
50 ml Olivenöl für die Marinade
4 Tranchen Seeteufel, enthäutet, je gut 1½ cm dick geschnitten
40 g Rosinen
je 2 gelbe und rote Peperoni (Paprika)
2 mittlere Fleischtomaten
3–4 Esslöffel Olivenöl zum Dünsten
40 g Mandelstifte
1 Esslöffel Weissweinessig
½ Teelöffel Zucker
Salz, schwarzer Pfeffer aus der Mühle
1 Zitrone

1 Die Petersilie fein hacken. Die Thymianblättchen von den Zweigen zupfen. Den Knoblauch schälen und fein hacken. Alle diese Zutaten mit dem Olivenöl mischen.
2 Die Seeteufeltranchen auf eine Platte geben und beidseitig mit der Marinade bestreichen. Zugedeckt im Kühlschrank kurz ziehen lassen.
3 Inzwischen die Rosinen kurz heiss abspülen, dann in Wasser einweichen.
4 Die Peperoni waschen, halbieren, entkernen und in breite Streifen schneiden.
5 Die Tomaten kurz in kochendes Wasser geben, herausheben, kalt abschrecken, schälen, quer halbieren, entkernen und klein würfeln.
6 Den Backofengrill auf 250 Grad vorheizen.
7 In einer mittleren Pfanne das Olivenöl erhitzen. Die Peperoni beifügen und unter gelegentlichem Wenden etwa 10 Minuten dünsten. Dann die Rosinen, die Tomaten, die Mandelstifte, den Essig und den Zucker beifügen. Das Gemüse mit Salz sowie Pfeffer würzen und weitere 10 Minuten garen.
8 Einen Teil der Marinade von den Fischtranchen abstreifen und beiseite stellen. Den Fisch in eine Gratinform legen.
9 Die Seeteufeltranchen in der Mitte des Ofens unter dem 250 Grad heissen Grill 6–7 Minuten braten. Dann mit etwas Marinade bestreichen, wenden und weitere 6–7 Minuten grillieren.
10 Inzwischen die Zitrone in Viertel schneiden.
11 Das Peperonigemüse auf vorgewärmte Teller geben, den Fisch darauf anrichten und mit Zitronenvierteln garnieren.

# Marinierter Schwertfisch

Für einmal wird Fisch nicht gebraten, sondern mariniert und im aufsteigenden Dampf schonend gegart. Auf diese Weise bleibt der Fisch schön saftig. Die Zubereitungsart ist auch für andere Fische mit kräftigem Fleisch (z. B. Baudroie, Kabeljau, Dorsch, Flunder) geeignet. Selbstverständlich kann man den Fisch aber auch ganz normal marinieren und anschliessend in einer Bratpfanne nicht zu heiss braten.

Für 4 Personen

4 Scheiben Schwertfisch, je ca. 150 g schwer
Salz, schwarzer Pfeffer aus der Mühle
4 Esslöffel Olivenöl
1 Zitrone
2 Knoblauchzehen
1 Bund glattblättrige Petersilie
2 Esslöffel Kapern
2 kleine Zweige Oregano

1 Die Schwertfischscheiben kurz kalt spülen und mit Küchenpapier trockentupfen. Von beiden Seiten leicht salzen und pfeffern.
2 Einen Siebeinsatz mit Alufolie auslegen und mit 1 Esslöffel Olivenöl bestreichen. Die Fischscheiben nebeneinander hineinlegen.
3 Die Zitrone halbieren. Die eine Hälfte auspressen und mit dem restlichen Olivenöl in ein Schüsselchen geben. Den Knoblauch schälen und dazupressen. Die Petersilie und die Kapern hacken und beifügen. Die Marinade über den Schwertfisch verteilen. Die zweite Zitronenhälfte in 4 Scheiben schneiden und auf den Fisch legen.
4 Einen Topf oder einen Dämpfer etwa 2 cm hoch mit Wasser füllen und dieses aufkochen. Den zugedeckten Siebeinsatz mit dem Fisch auf den Topf oder den Dämpfer stellen. Den Schwertfisch etwa 20 Minuten im aufsteigenden Dampf garen.
5 Inzwischen die Oreganoblättchen von den Zweigen zupfen. 5 Minuten vor dem Ende der Garzeit die Zitronenscheiben entfernen, den Fisch mit Oregano bestreuen und fertig dämpfen.

# Seezungenfilet auf ligurische Art

Die Seezunge mit ihrem delikaten Fleisch gehört heute zu den gesuchtesten Fischen und ist dementsprechend teuer. Ersetzt werden kann sie zum Beispiel durch die preislich günstigere Rotzunge, aber auch durch Süsswasserfische wie Felchen, Egli oder Forelle. Für dieses Rezept werden die Seezungenfilets in Olivenöl gebraten und mit gewürfelten Tomaten, gewürzt mit Oliven sowie viel Kräutern serviert.

Für 4 Personen

75 g schwarze, wenn möglich kleine ligurische Oliven (siehe auch Tipp)
2 feste Tomaten
1 Knoblauchzehe
1½–2 Bund glattblättrige Petersilie
4 grosse Seezungenfilets
Saft von ½ Zitrone
Salz, schwarzer Pfeffer aus der Mühle
75 ml kaltgepresstes Olivenöl
2 Sardellenfilets (Anchovis)
2 Esslöffel Tomatenpüree

**1** Die Oliven entsteinen und hacken. Die Tomaten kurz in kochendes Wasser geben, herausheben, kalt abschrecken, schälen, quer halbieren, entkernen und klein würfeln. Den Knoblauch schälen und fein hacken, ebenso die Petersilie.
**2** Die Seezungenfilets auf der Arbeitsfläche auslegen, mit dem Zitronensaft beträufeln und mit Salz sowie Pfeffer würzen.
**3** In einer Bratpfanne das Olivenöl erhitzen. Die Seezungenfilets darin beidseitig kurz braten. Herausnehmen und auf einer Platte warm stellen.
**4** Im Bratensatz Oliven, Knoblauch und Petersilie andünsten. Dann die Sardellenfilets beifügen und mitdünsten, bis sie zerfallen. Das Tomatenpüree dazurühren. Die Tomatenwürfel beifügen und alles noch etwa 2 Minuten weiterdünsten. Würzen und mit den Seezungenfilets anrichten.

**Tipp:** Oliven gibt es in vielen Sorten, die sich in Grösse, Farbe, Ölgehalt und Aroma unterscheiden. Die so genannten Essoliven werden auf Grösse und viel Fruchtfleisch, diejenigen für Öl auf höheren Ölgehalt (bis zu 60 Prozent im Fruchtfleisch!) kultiviert. Der Geschmack der Oliven hängt weitgehend von Klima und Bodenbeschaffenheit ab. Hingegen steht er in keinem Zusammenhang mit der Grösse oder dem Aussehen der Früchte. Oft schmecken gerade kleine und unansehnliche Früchte aus eher rauhen Gegenden am besten. Ein gutes Beispiel dafür sind die kleinen, aber unvergleichlich mild-aromatischen Oliven aus Ligurien, die an Berghängen gedeihen und auch heute noch meist in Handarbeit geerntet und verarbeitet werden.

# Dorade im Kartoffel-Tomaten-Bett

Wie unkompliziert ganze Fische in der Zubereitung sind, zeigt dieses einfache Gericht, das man in Variationen überall in der italienischen, französischen und spanischen Mittelmeerküche findet. Anstelle von Tomatenscheiben kann man auch ganze Cherrytomaten verwenden, was sehr dekorativ aussieht.

Für 4 Personen

500 g Kartoffeln
4 grosse Tomaten
2 mittlere Zwiebeln
½ Bund Petersilie
3–4 Esslöffel Olivenöl
Salz, schwarzer Pfeffer aus der Mühle
1 ganze Dorade (Goldbrasse), ca. 1–1,2 kg schwer, vom Fischhändler geschuppt und ausgenommen

Kräuterfüllung:
1 Schalotte
2 Knoblauchzehen
½ Bund Oregano
½ Bund Petersilie
1 Lorbeerblatt

Zum Braten im Ofen:
ca. 75 ml Olivenöl

**1** Die Kartoffeln waschen und in der Schale in nicht zu viel Wasser je nach Grösse 15–20 Minuten vorkochen; sie sollen noch nicht ganz weich sein. Noch warm schälen und in Scheiben schneiden.
**2** Die Tomaten waschen, den Stielansatz entfernen und die Früchte in Scheiben schneiden.
**3** Die Zwiebeln schälen, halbieren und in Streifen schneiden.
**4** Die Petersilie fein hacken.
**5** Einen grossen Bräter grosszügig mit dem Olivenöl ausstreichen. Kartoffeln, Tomaten und Zwiebeln abwechselnd einschichten und mit Salz sowie Pfeffer würzen. Die Petersilie darüber verteilen.
**6** Die Dorade unter kaltem Wasser gründlich spülen. Mit Salz und Pfeffer innen und aussen würzen.
**7** Für die Füllung die Schalotte und die Knoblauchzehen schälen und fein hacken. Oregano und Petersilie ebenfalls hacken. Alle diese Zutaten mischen und ¾ davon mit dem Lorbeerblatt in den Fischbauch füllen. Den Fisch auf das Kartoffel-Tomaten-Bett legen, die restliche Kräutermischung darüber streuen und alles mit dem Olivenöl beträufeln.
**8** Die Dorade im auf 200 Grad vorgeheizten Ofen auf der zweituntersten Rille 20 Minuten garen. Dann sorgfältig wenden und den Fisch je nach Grösse weitere 15–20 Minuten backen. In der Form servieren.

# Gefüllte Pouletbrüstchen auf Rucola-Peperoni-Salat

Sommer pur: Pouletbrüstchen werden mit einer hausgemachten Olivenpaste sowie Basilikumblättern gefüllt und auf einem farbenfrohen, rustikalen Salat serviert. Aber auch Gemüse passt als Beilage (z. B. der Zucchettiflan von Seite 124 oder die marinierten gebackenen Tomaten von Seite 138). Übrigens: Die Olivenpaste eignet sich auch sehr gut als Aufstrich auf leicht geröstetem Brot und hält sich im Kühlschrank – mit Olivenöl bedeckt – 1–2 Wochen frisch.

Für 4 Personen

Je 1 rote und gelbe Peperoni (Paprika)
50 g schwarze Oliven
1 Knoblauchzehe
1 Esslöffel Olivenöl
1 Bund Basilikum
4 Pouletbrüstchen
100 g Rucola
Salz, schwarzer Pfeffer

Sauce:
2 Esslöffel Balsamicoessig
1 Esslöffel Weissweinessig
1 Teelöffel Senf
Salz, Pfeffer
5 Esslöffel Olivenöl

Zum Fertigstellen:
etwas Olivenöl zum Braten

**1** Den Backofen auf 250 Grad vorheizen.
**2** Die Peperoni halbieren und flach drücken. Mit der Hautseite nach oben auf ein mit Backpapier belegtes Blech geben. Im oberen Drittel des vorgeheizten Ofens unter dem Grill so lange rösten, bis die Haut dunkle Blasen wirft. Herausnehmen, mit einem feuchten Tuch bedecken und 5 Minuten stehen lassen. Dann die Peperoni häuten und in Würfel schneiden.
**3** Während die Peperoni rösten, die Oliven entsteinen. Den Knoblauch schälen. Beide Zutaten fein hacken und mit dem Olivenöl mischen. Vom Basilikum 12 schöne grosse Blätter abzupfen. Das restliche Basilikum für die Zubereitung der Sauce beiseite stellen.
**4** Die Pouletbrüstchen der Länge nach waagrecht auf-, aber nicht durchschneiden. Die Olivenpaste in diese Taschen streichen und mit je 3 Basilikumblättern belegen. Die Pouletbrüstchen mit der flachen Hand gut zusammendrücken. Bis zur Verwendung auf einem Teller mit Klarsichtfolie bedeckt kühl stellen.
**5** Den Rucola waschen und gut abtropfen lassen.
**6** Für die Sauce das beiseite gestellte Basilikum fein hacken. Mit beiden Essigsorten, Senf, Salz, Pfeffer und Öl zu einer Sauce rühren.
**7** Die Pouletbrüstchen mit Salz und Pfeffer würzen. In heissem Olivenöl beidseitig insgesamt etwa 12 Minuten auf mittlerem Feuer braten. In Alufolie wickeln und 5–10 Minuten nachziehen lassen.
**8** Zum Anrichten den Rucolasalat und die Peperoniwürfel mit der Sauce mischen. Auf Tellern verteilen. Die Pouletbrüstchen schräg in Scheiben schneiden und auf dem Salat anrichten. Sofort servieren.

# Lamm mit Kräutersauce

Die Kräutersauce passt nicht nur zu vielen Lammspezialitäten, sondern auch zu Schweinskotelett, -steak oder -filet sowie zu Pouletbrüstchen. Wichtig: Die Sauce muss immer frisch zubereitet werden, sonst verlieren die Kräuter ihr intensives Aroma!

Für 4 Personen

1 kleine Zwiebel
1 Knoblauchzehe
1 Bund glattblättrige Petersilie
1 Bund Basilikum
1 Bund Schnittlauch
½ Bund Thymian
1 Zweig Rosmarin
4 Salbeiblätter
2 Lammracks oder 12–16 Lammkoteletts
Salz, schwarzer Pfeffer aus der Mühle
50 ml Olivenöl
100 g Butter
25 g Pinienkerne
50 ml Hühnerbouillon

**1** Die Zwiebel und die Knoblauchzehe schälen und möglichst fein hacken. Alle Kräuter ebenfalls sehr fein hacken.
**2** Die Lammracks oder Lammkoteletts mit Salz und Pfeffer würzen. In der Hälfte des Olivenöls braten (Lammracks: 6–8 Minuten, Koteletts: etwa 3 Minuten). Aus der Pfanne nehmen und warm stellen; Lammracks wickelt man dazu am besten in Alufolie, Koteletts im 70 Grad heissen Ofen unzugedeckt ruhen lassen.
**3** Das restliche Öl sowie die Hälfte der Butter zum Bratensatz geben. Die Zwiebel, den Knoblauch und die Pinienkerne darin 2–3 Minuten braten. Dann alle Kräuter, die Bouillon sowie die restliche Butter beifügen und einmal aufkochen. Die Sauce mit Salz und Pfeffer abschmecken.
**4** Die Lammracks in Koteletts aufschneiden. Das Fleisch auf vorgewärmten Tellern anrichten und mit der Sauce beträufeln.

**Dazu passen als Beilage:**
**Weissweinkartoffeln**

Für 4 Personen

800 g fest kochende Kartoffeln
3 Knoblauchzehen
50 ml Olivenöl
50 ml Hühner- oder Fleischbouillon
1 Esslöffel Tomatenpüree
ca. 200 ml Weisswein
1 Zweig frischer Rosmarin
Salz, Pfeffer

**1** Die Kartoffeln schälen und in nicht zu dünne Scheiben schneiden. Die Knoblauchzehen schälen, jedoch ganz lassen.
**2** Kartoffeln und Knoblauch im heissen Olivenöl unter Wenden etwa 5 Minuten braten; die Kartoffeln sollen dabei etwas Farbe annehmen.
**3** Bouillon und Tomatenpüree mischen. Zu den Kartoffeln giessen. Die Hälfte des Weissweins sowie den Rosmarinzweig dazugeben und die Kartoffeln mit Salz sowie Pfeffer würzen. Zugedeckt auf kleinem Feuer unter öfterem Umrühren weich dünsten; dabei nach und nach den restlichen Wein dazugiessen.

# Schweinssteak auf Stangensellerie-Tomaten-Ragout

Im Süden ist der grün-weissliche Stangensellerie mit seinen langen Stielen und den aromatischen Blättern viel beliebter als der Knollensellerie. Zusammen mit Tomaten ergibt er in diesem Rezept ein würziges Begleitgemüse zu Schweinssteaks, passt aber in der gleichen Zubereitung auch zu vielen anderen kurz gebratenen Fleischstücken.

Für 4 Personen

4 Schweinssteaks, je ca. 150 g schwer
Salz, schwarzer Pfeffer aus der Mühle
2–3 Esslöffel Olivenöl
½ Bund glattblättrige Petersilie
6 schöne Basilikumblätter
6 Zweige Thymian
75 g weiche Butter für die Kräuterbutter
2 Esslöffel Olivenöl für die Kräuterbutter
1 Spritzer Cognac
4 feste Tomaten
1 kleinere Staude Stangensellerie
1 Knoblauchzehe
1 Esslöffel Butter zum Dünsten
25 ml Noilly Prat
50 ml Weisswein
150 ml Gemüsefond oder leichte Gemüsebouillon
einige Tropfen Zitronensaft

1 Den Backofen auf 80 Grad vorheizen und eine Platte mitwärmen.
2 Die Schweinssteaks beidseitig mit Salz und Pfeffer würzen. Im heissen Olivenöl je nach Dicke 3–4 Minuten braten. Sofort auf die vorgewärmte Platte geben und im 80 Grad heissen Ofen 30 Minuten nachgaren lassen.
3 Petersilie und Basilikum hacken. Die Thymianblättchen von den Zweigen zupfen. Alle diese Zutaten mit der weichen Butter, dem Olivenöl und Cognac im Cutter oder mit dem Stabmixer aufschlagen. Die Buttermischung in den Kühlschrank stellen.
4 Die Tomaten kurz in kochendes Wasser geben, herausheben, kalt abschrecken, schälen, halbieren, entkernen und würfeln. Die Selleriezweige auslösen, dabei die harten, dunkelgrünen äusseren Stiele entfernen. Dann das Gemüse in kleine Stücke schneiden. Den Knoblauch schälen und fein hacken.
5 Die Butter erhitzen. Den Stangensellerie und den Knoblauch darin andünsten. Noilly Prat und Weisswein dazugiessen und das Gemüse zugedeckt knapp weich dünsten. Dann herausheben und zugedeckt im Ofen warm stellen.
6 Den Gemüsefond oder die -bouillon zur Garflüssigkeit geben und 2–3 Minuten einkochen lassen. Die Buttermischung beifügen und die Sauce mit dem Stabmixer gut durchmischen. Den Stangensellerie und die Tomatenwürfel beifügen und das Gemüse mit Salz, Pfeffer und Zitronensaft abschmecken. Nur noch gut heiss werden lassen.
7 Das Gemüseragout auf vorgewärmte Teller geben. Die Schweinssteaks schräg in Scheiben aufschneiden und auf dem Gemüse anrichten.

# Kalbsragout mit Erbsen an Zitronensauce

Es muss nicht immer Rahm sein: Der Jus dieses Schmorgerichts wird am Schluss mit Zitronensaft abgeschmeckt und mit Eigelb leicht gebunden. Als Beilage passen zum Beispiel Maistaler (Rezept Seite 73) oder kleine, in Butter oder Olivenöl gebratene Kartoffeln in der Schale.



Für 4 Personen

1 Karotte
1 Zweig Stangensellerie
1 mittlere Zwiebel
800 g Kalbsragout
Salz, schwarzer Pfeffer aus der Mühle
2 Esslöffel Olivenöl
1 Esslöffel Butter
100 ml Weisswein
ca. 250 ml Fleischbouillon
1 Zweig Rosmarin
150 g ausgelöste Erbsen (tiefgekühlt oder von 500 g Erbsen in der Schote)
1 Bund glattblättrige Petersilie
2 Eigelb
Saft von ½ Zitrone

**1** Die Karotte schälen, den Stangensellerie rüsten und beides klein würfeln. Die Zwiebel schälen und fein hacken.
**2** Das Kalbsragout mit Salz und Pfeffer würzen. In einem Schmortopf einen Teil des Olivenöls und der Butter erhitzen. Das Fleisch in 2–3 Portionen anbraten, dabei jedes Mal etwas Olivenöl und Butter nachgeben.
**3** Im Bratensatz das Gemüse und die Zwiebel andünsten. Mit dem Weisswein ablöschen und diesen leicht einkochen lassen.
**4** Die Bouillon dazugiessen. Das Fleisch wieder beifügen und den Rosmarinzweig dazulegen. Das Ragout zugedeckt auf kleinem Feuer 1½–1¾ Stunden schmoren. Wenn nötig ab und zu etwas Bouillon nachgiessen.
**5** Gegen Schluss der Kochzeit die Erbsen beifügen und mitgaren.
**6** Inzwischen die Petersilie fein hacken. Mit dem Eigelb und dem Zitronensaft mischen.
**7** Vor dem Servieren das Ragout noch einmal kräftig aufkochen. Vom Feuer ziehen und die Eigelb-Zitronensaft-Mischung unterrühren; nicht mehr kochen lassen, sonst gerinnen die Eigelbe. Das Ragout mit Salz und Pfeffer abschmecken.

# Hackfleischspiess

Traditionell wird für die Zubereitung dieser orientalischen Spiesse Lammfleisch verwendet, aber auch Rindfleisch eignet sich gut. Das Fleisch vom Metzger unbedingt zweimal durch die Maschine treiben lassen, damit es möglichst fein wird. Neben Fladenbrot und Zwiebeln passen als weitere Beilage in Scheiben geschnittene Tomaten und Gurken oder ein Gurken-Tomaten-Salat.

Für 4 Personen

1 mittlere Zwiebel
2 Knoblauchzehen
je ½ Teelöffel gemahlener Kreuzkümmel und Koriander
½ Teelöffel Zimt
1 Messerspitze Cayennepfeffer
3 Esslöffel Paniermehl
Salz, schwarzer Pfeffer aus der Mühle
500 g möglichst fein gehacktes Lamm- oder Rindfleisch
1 Ei
etwas Olivenöl zum Bestreichen der Spiesse

Garnitur:
1 grosse Zwiebel
nach Belieben 1 Teelöffel Sumak (siehe Tipp)
wenig Salz
frisch aufgebackenes Fladenbrot (Rezept Seite 72)

**1** Die Zwiebel und den Knoblauch schälen und sehr fein hacken.
Mit Kreuzkümmel, Koriander, Zimt, Cayennepfeffer, Paniermehl, etwas Salz sowie frisch gemahlenem Pfeffer in eine Schüssel geben und mischen.

**2** Das Hackfleisch beifügen. Das Ei verquirlen und dazugeben.
Alles gründlich mischen. Wenn nötig nachwürzen.

**3** Den Fleischteig in 4 Portionen teilen. Jede Portion zu einer langen Rolle formen. Einen Metallspiess hineindrücken und das Fleisch darum herum anpressen. Das Fleisch mit Olivenöl bestreichen und auf ein mit Backpapier belegtes Blech geben.

**4** Den Backofengrill auf 230 Grad vorheizen.

**5** Für die Garnitur die Zwiebel schälen und in dünne Ringe schneiden. Nach Belieben mit etwas Sumak sowie einer Prise Salz bestreuen.

**6** Die Hackfleischspiesse im oberen Drittel des Ofens unter dem 230 Grad heissen Grill 12–15 Minuten braten, dabei zwei bis drei Mal wenden. Sofort mit den Zwiebelringen und dem Fladenbrot servieren.

**Tipp:** Sumak ein orientalisches Gewürz aus der getrockneten Frucht des Gerberbaums, schmeckt leicht säuerlich und wird vor allem Salaten, Pürees usw. beigefügt.

# Italienischer Kalbsbraten

Mit Dörrtomaten, Frühlingszwiebeln, Knoblauch und Rosmarin wird dieses zarte Fleischstück bei kleinster Hitze zugedeckt mehr ziehen als schmoren gelassen.
Dazu gibt es Maistaler (Rezept Seite 73), verfeinert mit Lauchwürfelchen und Zuckermaiskörnern.

Für 5–6 Personen

1 runde Kalbsnuss oder Mocken, 600–800 g schwer
6 Knoblauchzehen
Salz, schwarzer Pfeffer aus der Mühle
150 g getrocknete, in Öl eingelegte Tomaten, abgetropft gewogen
2 Bund Frühlingszwiebeln
2 Zweige Rosmarin
100 ml kaltgepresstes Olivenöl
200 ml Weisswein
½ Teelöffel Fleischextrakt oder Bouillonpaste

**1** In das Bratenstück mit einem spitzen Messer auf der Ober- und Unterseite je 5–6 Einschnitte anbringen. 2 Knoblauchzehen schälen und in insgesamt 10–12 Stifte schneiden. In die Einschnitte des Bratens stecken. Das Fleisch rundum mit Salz und Pfeffer kräftig würzen.

**2** Die restlichen Knoblauchzehen ebenfalls schälen und in Scheibchen schneiden. Die getrockneten Tomaten auf Küchenpapier abtropfen lassen und in Streifen schneiden. Die weissen Teile der Frühlingszwiebeln in Würfelchen, die grünen Röhrchen in Ringe schneiden. Die Nadeln des einen Rosmarinzweigs fein hacken, den andern Zweig ganz lassen.

**3** In einem grossen Bräter das Olivenöl erhitzen. Das Fleisch hineinlegen und zugedeckt auf mittlerer Hitze 5 Minuten anbraten. Dann wenden und den Knoblauch, die Tomaten, die Frühlingszwiebeln, den gehackten Rosmarin sowie den Rosmarinzweig beifügen. Kurz zugedeckt weiterbraten.

**4** Die Hälfte des Weissweins dazugiessen. Nun die Hitze auf allerkleinste Stufe stellen und den Kalbsbraten zugedeckt 1¼–1½ Stunden gar ziehen lassen. Während dieser Zeit den Deckel nie abheben, sonst verliert das Fleisch zu viel Wärme.

**5** Den Kalbsbraten aus dem Jus nehmen und in doppelt gefaltete Alufolie wickeln. Die Sauce aufkochen. Den restlichen Weisswein und den Fleischextrakt oder die Bouillonpaste beifügen und den Jus noch 4–5 Minuten etwas einkochen lassen. Wenn nötig mit Salz und Pfeffer nachwürzen.

**6** Den Kalbsbraten in dünne Tranchen schneiden, auf einer vorgewärmten Platte anrichten und Jus sowie Gemüsezutaten darüber verteilen.

# Mariniertes Lammgigot mit Kartoffeln

Grosse Bratenstücke sind oft unkompliziert in der Zubereitung, wie dieses Lammgigot aufs Beste beweist. Als Sauce passt zum Beispiel die Romesco-Sauce (Rezept Seite 78) oder eine Pfeffer- oder Kräuterbutter.

Für 6–8 Personen

1 Bund Thymian
1 Bund glattblättrige Petersilie
8 Knoblauchzehen
150 ml Olivenöl
schwarzer Pfeffer aus der Mühle
1 Lammgigot (Keule), ca. 2,3 bis 2,6 kg schwer
1–1½ kg neue Kartoffeln
Salz
1 Bund glattblättrige Petersilie für die Kartoffeln

1 Die Thymianblättchen von den Zweigen zupfen. Die Petersilie fein hacken. Die Knoblauchzehen schälen und grob hacken. Mit 100 ml Olivenöl sowie reichlich frisch gemahlenem Pfeffer mischen.
2 Das Lammgigot in einen Frischhaltebeutel geben und das Kräuter-Knoblauch-Öl darüber giessen. Den Beutel möglichst satt am Fleisch verschliessen. Einige Male drehen und wenden, damit sich das Fleisch gleichmässig mit Marinade überzieht. Mindestens 3 Stunden, besser aber über Nacht im Kühlschrank durchziehen lassen.
3 Den Backofen auf 250 Grad vorheizen.
4 Das restliche Olivenöl auf einem grossen Blech verteilen. Das Fleisch aus dem Marinadenbeutel nehmen und auf das Blech legen. Die verbliebene Marinade darüber träufeln.
5 Die Kartoffeln unter fliessendem Wasser bürsten. Rund um das Fleisch verteilen. Kartoffeln und Fleisch grosszügig salzen.
6 Das Blech auf der untersten Rille des 250 Grad heissen Ofens einschieben, Fleisch und Kartoffeln 20 Minuten anbraten.
7 Dann die Hitze auf 175 Grad reduzieren und das Gigot sowie die Kartoffeln weitere 30 Minuten backen. Dabei beides zwei bis drei Mal mit Öl und ausgetretenem Fleischsaft (vom Blech) beträufeln.
8 Nun den Ofen ausschalten und die Ofentüre einen Spalt weit öffnen; am besten klemmt man eine Holzkelle in die Türe, damit sie nicht zufällt. Das Fleisch 20 Minuten nachziehen lassen.
9 Die Petersilie fein hacken. Über die Kartoffeln verteilen. Das Gigot in dünne Scheiben aufschneiden und mit den Kartoffeln servieren.

# Kalbshaxe an Knoblauch-Zitronen-Marinade



Kalbshaxen werden bei uns meist in Scheiben geschnitten und geschmort. Viel delikater und saftiger schmeckt jedoch eine ganze, im Ofen gebratene Haxe.

Für 4 Personen

1 Bund Thymian
2 Knoblauchzehen
Saft von ½ Zitrone
1 Esslöffel Dijonsenf
1 Teelöffel Zitronenpfeffer
75 ml Olivenöl
1 Kalbshaxe am Stück, 800 g bis 1 kg schwer
Salz
ca. 100 ml Weisswein

**1** Die Thymianblättchen von den Zweigen zupfen. Die Knoblauchzehen schälen und fein hacken. Thymian, Knoblauch, Zitronensaft, Senf, Zitronenpfeffer und Olivenöl zu einer Marinade rühren.
**2** Die Kalbshaxe in einen Brat- oder Gefrierbeutel geben. Die Marinade dazugiessen. Den Beutel nahe am Fleischstück verschliessen und drehen und wenden, damit sich die Marinade auf dem Fleisch verteilen kann. Mindestens 3 Stunden, besser aber über Nacht im Kühlschrank marinieren lassen; dabei zwei bis drei Mal wenden.
**3** 1 Stunde vor der Zubereitung die Kalbshaxe Zimmertemperatur annehmen lassen. Dann aus dem Beutel nehmen und die Marinade in eine Schale abgiessen.
**4** Den Backofen auf 250 Grad vorheizen.
**5** Die Kalbshaxe salzen. In einen Bräter legen und mit Marinade bestreichen. Im 250 Grad heissen Ofen auf der untersten Rille 20 Minuten anbraten. Dann die Hitze auf 180 Grad reduzieren. Die Hälfte des Weissweins dazugiessen. Die Haxe wiederum mit Marinade bestreichen. Unter regelmässigem Begiessen mit Bratenjus bzw. Weisswein sowie Bestreichen mit Marinade weitere 1½–1¾ Stunden braten. Die Kalbshaxe ist gar, wenn sich das Fleisch rund um den Knochen zu lösen beginnt.

**Dazu passt als Beilage:**
**Italienischer Blumenkohl**

Für 4 Personen

1 grosser Blumenkohl (ca. 800 g)
1 kleine Zwiebel
1 Knoblauchzehe
4 Esslöffel Olivenöl
1 Dose gehackte Tomaten (400 g)
100 ml Gemüsebouillon
Salz, Pfeffer
1 Bund Petersilie
25 g geriebener Parmesan

**1** Den Blumenkohl rüsten, in Röschen teilen und die Strunkteile in Stücke schneiden. Alles in nicht zu viel Salzwasser 5 Minuten vorkochen.
**2** Zwiebel und Knoblauchzehe schälen, fein hacken und im Olivenöl andünsten. Dosentomaten und Bouillon beifügen. Mit Salz und Pfeffer würzen und etwa 15 Minuten leicht einkochen lassen.
**3** Den Blumenkohl beifügen und zugedeckt in der Tomatensauce garen, bis er weich ist. Am Schluss der Kochzeit die Petersilie hacken und darunter mischen. Den Käse über den Blumenkohl streuen und schmelzen lassen.

# Im Ofen gebratenes Kaninchen mit Fenchel und Tomaten

**Fenchel, Cherrytomaten sowie reichlich Olivenöl verleihen diesem Kaninchenragout die intensiven Aromen des Südens. Wer Fenchel nicht mag, kann dieses Kaninchenragout aber auch mit anderem Gemüse wie Peperonivierteln (Paprika), ganzen kleinen Zucchetti oder grünen Spargeln zubereiten. Als Beilage passen ein Safran- oder Weissweinrisotto oder Bratkartoffeln.**

Für 4 Personen

4 mittlere Fenchelknollen
1 mittlere Zwiebel
8–10 Esslöffel Olivenöl
1,2–1,5 kg Kaninchen, in Stücke geschnitten
Salz, schwarzer Pfeffer aus der Mühle
ca. 300 ml Weisswein
250 g Cherrytomaten
1 Bund glattblättrige Petersilie

**1** Den Backofen auf 180 Grad vorheizen.
**2** Den Fenchel rüsten, dabei schönes Grün zurückbehalten. Das Gemüse vierteln. Die Zwiebel schälen und hacken. Alles in eine Schüssel geben, die Hälfte des Olivenöls beifügen und gut mischen.
**3** Die Kaninchenstücke mit Salz und Pfeffer würzen. In einem Bräter das restliche Olivenöl erhitzen und das Fleisch rundum golden anbraten. Herausnehmen.
**4** Im Bratensatz die Fenchelmischung kurz anrösten und leicht salzen. Das Fleisch wieder beifügen und alles mit etwa 200 ml Weisswein beträufeln. Unzugedeckt auf die zweitunterste Rille des 180 Grad heissen Ofens geben und 50–60 Minuten braten. Die Fleischstücke gelegentlich wenden und alles mit Saucenflüssigkeit übergiessen; wenn nötig Weisswein nachgiessen.
**5** Inzwischen die Cherrytomaten waschen und auf der Oberseite kreuzweise einschneiden. Leicht salzen. Die Petersilie fein hacken.
**6** Nach 30–35 Minuten Bratzeit die Cherrytomaten und die Petersilie zum Ragout geben und mitschmoren. Am Ende der Garzeit sollen die Kaninchenstücke goldbraun gebraten und schön weich sein. In der Form servieren.

## Kalbskotelett mit Salbei und gebratenem Knoblauch

Wenn Sie das Gericht im späten Frühjahr oder Sommer zubereiten, sollten Sie unbedingt frischen Knoblauch aus der jüngsten Ernte verwenden; dieser ist besonders mild und aromatisch.

Für 4 Personen

1 Bund Salbei
1 kleiner Zweig Rosmarin
1 Knoblauchzehe
2–3 Esslöffel Olivenöl für die Marinade
Salz, schwarzer Pfeffer
4 Kalbskoteletts
4 Knoblauchknollen
2–3 Esslöffel Olivenöl für den Knoblauch
1–2 Esslöffel Olivenöl für die Salbeiblätter
100 ml Kalbsfond oder ersatzweise Weisswein

1 6 Salbeiblätter und die Rosmarinnadeln fein hacken. Die Knoblauchzehe schälen und dazupressen. Das Olivenöl beifügen und die Marinade mit wenig Salz sowie reichlich frisch gemahlenem Pfeffer würzen. Die Kalbskoteletts damit bestreichen. Zugedeckt bei Zimmertemperatur etwa 1 Stunde ziehen lassen.

2 Inzwischen die Knoblauchknollen halbieren. Mit der Schnittfläche nach oben in eine Gratinform legen. Mit Olivenöl beträufeln und mit Pfeffer bestreuen. In der Mitte des auf 220 Grad vorgeheizten Ofens 25–30 Minuten rösten, dabei ein bis zwei Mal mit dem Olivenöl begiessen.

3 Die restlichen Salbeiblätter von den Zweigen zupfen.

4 Von den Kalbskoteletts die Marinade leicht abstreifen. Eine Grill- oder Bratpfanne leer erhitzen. Die Koteletts ohne weitere Fettzugabe nicht zu heiss auf jeder Seite je nach Dicke 4–5 Minuten braten. Warm stellen.

5 Olivenöl in die Pfanne geben und die Salbeiblätter darin knusprig braten. Herausnehmen und auf Küchenpapier abtropfen lassen.

6 Den Bratensatz mit dem Kalbsfond oder Weisswein auflösen und leicht einkochen lassen.

7 Die Koteletts auf vorgewärmten Tellern anrichten, mit Bratenjus beträufeln, die Salbeiblätter darüber streuen und je 2 Knoblauchhälften dazulegen.

**Dazu passen als Beilage:**

### Gebratene Artischocken

Für 4 Personen

4 grosse Artischocken
50 g Butter
2 Esslöffel Olivenöl
Salz, schwarzer Pfeffer
½ Bund Petersilie

1 Den Stiel und das obere Drittel der Artischocken abschneiden. Die Artischocken im Dampfkochtopf oder in siedendem Wasser knapp weich kochen (Dampfkochtopf: 10 Minuten, normaler Topf: 25–30 Minuten). Abkühlen lassen. Dann die Blätter bis aufs Herz sowie das so genannte Heu entfernen.

2 Die Artischockenböden in Streifen schneiden. In der Butter-Öl-Mischung braten. Salzen und pfeffern. Die Petersilie hacken und während den letzten 2–3 Minuten Bratzeit beifügen.

## Coquelets mit Zitronen und Salbei

Für dieses Gericht werden kleine Hühnchen – Mistkratzerli, Coquelet, Poussin oder Galletto genannt – mit Salbei gewürzt und im Ofen zusammen mit Zitronen, Schalotten und Weisswein gebraten. Anstelle der kleinen Hühner kann man auf die gleiche Art auch 2 mittlere Poulets zubereiten; in diesem Fall verlängert sich die Anbratzeit um 10 Minuten.

Für 4 Personen

4 Coquelets, je 300–400 g schwer
4 Zweige Salbei
Salz, schwarzer Pfeffer
2 Esslöffel Bratbutter
4 kleine Schalotten
1 Zitrone
50 ml Weisswein
25 g kalte Butter
1 Prise Cayennepfeffer
1 Prise Ingwerpulver

1 Den Backofen auf 250 Grad vorheizen.
2 Die Coquelets innen und aussen spülen und mit Küchenpapier trockentupfen. Je 1 Salbeizweig in die Bauchöffnung geben. Die Hühnchen mit Salz und Pfeffer würzen. In eine feuerfeste Form legen.
3 Die Bratbutter erhitzen und über die Coquelets träufeln.
4 Die Hühnchen im 250 Grad heissen Ofen auf der zweituntersten Rille 20 Minuten anbraten.
5 Inzwischen die Schalotten schälen und vierteln. Die Zitrone in Scheiben schneiden. Die Salbeiblätter von den Zweigen zupfen.
6 Die Ofentemperatur auf 180 Grad reduzieren. Die vorbereiteten Zutaten sowie den Weisswein beifügen und die Coquelets weitere 30 Minuten fertig braten; dabei ab und zu mit Bratenjus begiessen. Aus der Form heben und 5 Minuten im ausgeschalteten Backofen bei offener Tür ruhen lassen.
7 Den Bratenjus in ein Pfännchen absieben, dabei Salbei und Zitronenscheiben beiseite legen. Den Jus aufkochen und die Butter flockenweise beifügen. Mit Salz, Pfeffer, Cayennepfeffer und Ingwerpulver abschmecken.
8 Die Coquelets mit der Geflügelschere der Länge nach halbieren und anrichten. Mit den Zitronenscheiben sowie Salbei garnieren und mit Sauce beträufeln.

**Dazu passen als Beilage:**
### Karotten in Knoblauchbutter

Für 4 Personen

600 g Karotten
25 g Butter
100 ml Hühnerbouillon
4 Knoblauchzehen
40 g Butter
Salz, Pfeffer

1 Die Karotten schälen und in Stücke schneiden. In der Butter weich dünsten; dabei löffelweise Bouillon beifügen und immer wieder einkochen lassen, bevor die nächste Portion dazukommt.
2 Die Knoblauchzehen schälen und in Scheibchen schneiden. In der zweiten Portion Butter hellgelb dünsten. Über die fertigen Karotten geben und mit Salz sowie Pfeffer abschmecken.

# «Vögelchen» am Spiess

Diese «kleinen Vögel» sind nichts anderes als Schweinsfiletscheiben, die, mit Rohschinken und Salbei belegt, aufgerollt und mit Pariserbrotscheiben an Spiesse gesteckt werden. Anstelle von Schweinsfilet kann man auch möglichst dünn geschnittene kleine Kalbsplätzchen verwenden.

Für 4 Personen

500–600 g Schweinsfilet
8 dünn geschnittene Scheiben Rohschinken
16 Salbeiblätter
12 kleine Scheiben Pariserbrot (je nach Grösse halbiert)
100 ml Olivenöl
Saft von ½ Zitrone
¼ Teelöffel edelsüsses Paprikapulver
Salz, schwarzer Pfeffer aus der Mühle

**1** Das Schweinsfilet in 16 Scheiben schneiden und diese mit dem Teigroller leicht flach drücken (nicht klopfen!). Die Rohschinkenscheiben halbieren. Auf jede Fleischscheibe ½ Scheibe Rohschinken sowie 1 Salbeiblatt legen und aufrollen. Abwechselnd mit den Brotscheiben auf 4 Spiesse stecken.
**2** Olivenöl, Zitronensaft, Paprika, Salz und Pfeffer verrühren und die Spiesse damit bestreichen.
**3** Eine Grill- oder Bratpfanne leer erhitzen. Die Spiesse darin nicht zu heiss etwa 10 Minuten braten, dabei ab und zu mit Marinade bestreichen.

**Dazu passen als Beilage:**
### Glasierte Cherrytomaten

Für 4 Personen

500 g Cherrytomaten
50 g Butter
1 Esslöffel Zucker
1 Bund glattblättrige Petersilie
Salz, schwarzer Pfeffer

Die Tomaten waschen und gut abtropfen lassen. In der warmen Butter kurz schwenken. Den Zucker über die Tomaten streuen und alles unter gelegentlichem Durchschütteln der Pfanne 3 Minuten glasieren. Die Petersilie hacken, beifügen und die Tomaten mit Salz sowie Pfeffer abschmecken.

## Kalbfleischtaschen mit Mascarponefüllung



Keine Sauce, sondern würzige gedünstete Cherrytomaten und Pinienkerne begleiten diese Kalbfleischtaschen. Sehr gut kommt die cremige Mascarpone-Quark-Füllung auch zur Geltung, wenn man die Schnitzelchen zu Rouladen aufrollt.

Für 4 Personen

8 grosse Kalbsschnitzel
100 g Mascarpone-Gorgonzola
2 Esslöffel Ricotta oder Quark
Salz, schwarzer Pfeffer aus der Mühle
4–6 Salbeizweige
4 grosse, dünn geschnittene Scheiben Bauernschinken
400 g Cherrytomaten
1 Esslöffel Pinienkerne
1 Esslöffel Butter
2–3 Esslöffel Olivenöl

1 Die Kalbsschnitzel mit dem Teigroller unter Klarsichtfolie sehr dünn klopfen.
2 Mascarpone-Gorgonzola und Ricotta oder Quark mit einer Gabel glatt rühren. Die Masse leicht salzen und grosszügig mit frisch gemahlenem Pfeffer würzen. Von den Salbeizweigen 8 kleinere Blätter abzupfen und beiseite legen. Die restlichen Salbeiblätter in Streifchen schneiden.
3 Jedes Kalbsschnitzel auf der einen Hälfte mit einer halben Schinkenscheibe belegen und diese mit etwas Mascarpone-Gorgonzola-Masse bestreichen. Je ein Salbeiblatt darauf geben. Die Schnitzel zusammenklappen und die Ränder gut andrücken; am besten geht dies mit einem Messerrücken.
4 Die Cherrytomaten je nach Grösse halbieren oder vierteln. Mit Salz und Pfeffer würzen. Die Pinienkerne in einer trockenen Bratpfanne ohne Fettzugabe rösten.
5 Kurz vor der Zubereitung des Fleisches den Ofen auf 80 Grad vorheizen und eine Platte mitwärmen.
6 Die Butter und 1 Esslöffel Olivenöl in die Pfanne geben und erhitzen. Die Kalbfleischtaschen mit Salz und Pfeffer würzen. Auf jeder Seite 1½–2 Minuten kräftig braten. Im Ofen auf der vorgewärmten Platte kurz nachziehen lassen.
7 Das restliche Olivenöl zum Bratensatz geben. Die Salbeistreifchen beifügen und rösten. Die Cherrytomaten beifügen und unter gelegentlichem Durchschütteln der Pfanne 3–4 Minuten dünsten. Am Schluss die Pinienkerne darunter mischen. Über die Schnitzel verteilen.

# Gemüse: Fest der Farben und Aromen

# Provenzalischer Gemüsegratin



Auberginen, Peperoni (Paprika), Zucchetti und Tomaten sind die Hauptzutaten dieses Gemüsegerichts, das sich sowohl als Beilage wie auch als fleischlose Mahlzeit eignet. Wer Auberginen nicht mag, ersetzt sie durch der Länge nach in Viertel geschnittene kleine Kartoffeln. Auch andere Gemüse können auf diese Weise zubereitet werden, wie zum Beispiel Kürbis, Fenchel, Broccoli, Karotten, junge Artischocken, Gurken oder Lauch. Wichtig: Härtere Gemüsesorten 5–8 Minuten in Salzwasser vorkochen.

Für 4 Personen

1 mittlere Aubergine
Salz
je 1 rote und gelbe Peperoni (Paprika)
2 mittlere Zucchetti
500 g feste Tomaten
1 mittlere Zwiebel
2–3 Knoblauchzehen
schwarzer Pfeffer aus der Mühle
1 Bund Basilikum
100 ml Olivenöl
1 Bund glattblättrige Petersilie
1 Zweig Rosmarin
2 Esslöffel Paniermehl
2 Esslöffel geriebener Parmesan

**1** Den Blattansatz der Aubergine abschneiden und die Frucht waschen. Ungeschält in grosse Würfel schneiden und in ein Sieb geben. Mit Salz bestreuen und 15–20 Minuten Wasser ziehen lassen.

**2** Inzwischen die Peperoni halbieren, entkernen und ebenfalls in grosse Würfel schneiden. Den Stielansatz der Zucchetti entfernen, die Früchte der Länge nach vierteln und in Stücke schneiden. Die Tomaten waschen und je nach Grösse in Viertel oder Sechstel schneiden. Die Zwiebel schälen und grob hacken. Den Knoblauch schälen und in dünne Scheibchen schneiden. Alle diese Zutaten in eine grosse Schüssel geben.

**3** Die Auberginen kurz kalt spülen und auf Küchenpapier trockentupfen. Zum übrigen Gemüse geben, mit Salz sowie Pfeffer würzen und alles gut mischen. In eine feuerfeste Form verteilen.

**4** Das Basilikum fein hacken und mit dem Öl mischen. Über das Gemüse verteilen.

**5** Den Gratin im auf 180 Grad vorgeheizten Ofen auf der zweituntersten Rille etwa 40 Minuten backen.

**6** Inzwischen Petersilie und Rosmarin fein hacken. Mit dem Paniermehl und dem Parmesan mischen.

**7** Nach 40 Minuten Backzeit die Kräuter-Paniermehl-Mischung über den Gratin streuen. Die Ofentemperatur auf 220 Grad erhöhen und den Gratin nochmals 15–20 Minuten überbacken. Heiss oder lauwarm servieren.

## Peperoni mit Couscous-Füllung

Couscous ist eine Hartweizenspezialität (siehe auch Tipp), die es vorgekocht zu kaufen gibt und die ganz einfach in der Zubereitung ist. In diesem Gericht kann man für die Füllung der Peperoni (Paprika) auch Langkornreis verwenden, braucht dann jedoch etwas mehr Bouillon für die Zubereitung (etwa 350 ml).

Für 4–6 Personen

2 Esslöffel Rosinen
250 ml Gemüse- oder Fleischbouillon
175 g vorgekochter Couscous
1 mittlere Zwiebel
1 Esslöffel Olivenöl
1 Bund Basilikum
1 Bund glattblättrige Petersilie
1 Eigelb
Salz, schwarzer Pfeffer aus der Mühle
6 rote Peperoni (Paprika)
etwas Olivenöl zum Backen

**1** Die Rosinen kurz in warmem Wasser einweichen.
**2** Inzwischen die Bouillon aufkochen. Den Couscous beifügen. Von der Herdplatte nehmen und zugedeckt 5–10 Minuten quellen lassen.
**3** Gleichzeitig die Zwiebel schälen und fein hacken. Im Olivenöl 4–5 Minuten dünsten. Zum Couscous geben.
**4** Je die Hälfte des Basilikums und der Petersilie fein hacken. Zusammen mit den gut abgetropften Rosinen zum Couscous geben. Zuletzt das Eigelb untermischen und die Masse mit Salz sowie Pfeffer abschmecken.
**5** Die Peperoni waschen. Am Stielansatz einen kleinen Deckel abschneiden. Die Peperoni sorgfältig entkernen. Dann die Couscous masse einfüllen. Die Peperoni in eine feuerfeste Form setzen.
**6** Die Peperoni grosszügig mit Olivenöl beträufeln. Sofort in den auf 200 Grad vorgeheizten Ofen geben und auf der zweituntersten Rille 30–40 Minuten backen.
**7** Die restlichen Basilikum- und Petersilienblättchen von den Zweigen zupfen und grob hacken. Über die gebackenen Peperoni streuen. Heiss oder ausgekühlt servieren.

**Tipp:** Die Grundlage für Couscous, das nicht nur ein nordafrikanisches Nationalgericht ist, sondern auch in der spanischen und sizilianischen Küche eine wichtige Rolle spielt, ist fein, mittelfein oder grob gemahlener Hartweizengriess, der in Mehl gewendet und zu winzigen Kügelchen geformt wird. Der Name bezeichnet sowohl den Hartweizen wie auch die Zubereitungen daraus. Heute findet man auch bei uns in Lebensmittelabteilungen von Supermärkten oder in türkischen oder arabischen Spezialgeschäften vorgekochten Couscous, so dass die aufwendige Grundzubereitung entfällt.

## Pizza verde

Zucchettiauflauf

Ein Gemüsepüree aus Zucchetti und Kartoffeln, verfeinert mit Ei, Käse und Basilikum, ergibt den «Teig» für diese «grüne Pizza», die nicht nur – wie hier im Rezept – mit Mozzarella und Schinken, sondern auch mit vielen anderen Zutaten belegt werden kann. Gut passen zum Beispiel in Scheiben geschnittene Tomaten, gedünstete Zwiebeln, Specktranchen, Mascarpone-Gorgonzola oder Fontina.

Für 4 Personen

4 mittlere Zucchetti (ca. 800 g)
6 mittlere Kartoffeln
Salz
50 g geriebener Parmesan
1 Ei
schwarzer Pfeffer aus der Mühle
1 Bund Basilikum
2 Mozzarella (ca. 250 g)
150 g in dünne Scheiben geschnittener Schinken
etwas Olivenöl zum Beträufeln

**1** Die Zucchetti waschen und den Stielansatz entfernen. Die ganzen Früchte knapp mit Salzwasser bedeckt etwa 20 Minuten weich kochen. Abschütten und gut abtropfen lassen.
**2** Die Kartoffeln schälen und vierteln. Ebenfalls in nicht zu viel Salzwasser weich kochen. Abschütten, in den Topf zurückgeben und auf der ausgeschalteten Herdplatte trockendämpfen.
**3** Zucchetti und Kartoffeln noch heiss durch das Passiergerät (Passevite) treiben oder im Mixer pürieren.
**4** Den Parmesan und das Ei unter das Gemüsepüree rühren. Die Masse mit Salz und Pfeffer pikant würzen. Das Basilikum in feine Streifchen schneiden oder grob hacken und darunter mischen.
**5** Den Mozzarella in dünne Scheiben schneiden und diese halbieren. Den Schinken in Streifen oder kleine Quadrate schneiden.
**6** Ein grosses Blech, eine Pie- oder eine weite Gratinform grosszügig ausbuttern oder mit Olivenöl bestreichen. Das Gemüsepüree einfüllen und glatt streichen. Mozzarella und Schinken darüber verteilen. Alles grosszügig mit Olivenöl beträufeln.
**7** Die «grüne» Pizza im auf 200 Grad vorgeheizten Ofen auf der zweituntersten Rille etwa 20 Minuten backen. Heiss oder lauwarm servieren.

# Champignons à la niçoise

Pilzschnitten auf provenzalische Art: Champignons – in der Saison können es sehr gut auch Steinpilze sein – werden mit Tomaten, Zwiebeln und Knoblauch gedünstet, mit Estragon gewürzt und auf geröstetem Knoblauchbrot angerichtet. Die Pilze sind jedoch ohne Brot auch eine feine Beilage zu kurz gebratenem oder grilliertem Fleisch. Ausgekühlt, aber nie aus dem Kühlschrank passen die Pilze auch gut als Antipasti oder auf ein Vorspeisenbuffet.

Für 4 Personen

750 g Champignons
3 grosse Tomaten
1 grosse Zwiebel
3–4 Knoblauchzehen
4–5 Esslöffel Olivenöl
100 ml Weisswein
1 Esslöffel Zitronensaft
Salz, schwarzer Pfeffer aus der Mühle
½ Bund Estragon
4 Scheiben Bauern- oder Weissbrot

1 Die Champignons kurz kalt spülen und wenn nötig die Stiele etwas zurückschneiden. Je nach Grösse ganz lassen, halbieren oder vierteln.
2 Die Tomaten kurz in kochendes Wasser geben, herausnehmen, kalt abschrecken, schälen, quer halbieren, entkernen und würfeln.
3 Die Zwiebel und den Knoblauch schälen und fein hacken.
4 In einer weiten Pfanne die Hälfte des Olivenöls erhitzen. Die Zwiebel und die Hälfte des Knoblauchs darin andünsten. Die Hitze auf höchste Stufe stellen und die Champignons sowie die Tomaten beifügen. So lange dünsten, bis der entstandene Pilz- und Tomatensaft vollständig verdampft ist.
5 Den Weisswein und den Zitronensaft beifügen. Die Pilze mit Salz und Pfeffer würzen. Noch so lange auf grossem Feuer schmoren lassen, bis die Flüssigkeit fast ganz eingekocht ist.
6 Inzwischen den Estragon fein hacken. Gegen Schluss darunter mischen und die Pilze wenn nötig nachwürzen.
7 Das restliche Olivenöl in einer Bratpfanne erhitzen. Die Brotscheiben auf der einen Seite mit dem restlichen Knoblauch bestreichen und im Öl beidseitig goldgelb backen.
8 Die Brotscheiben auf vorgewärmte Teller geben und das Pilzragout darauf anrichten.
Heiss servieren.

## Tomaten-Peperoni-Tagine

Tagine ist der tunesische Name für eine flache Tonschüssel, in der dieses auflaufähnliche Gericht aus Tomaten, Peperoni (Paprika) und Ei zubereitet wird. Je nach Appetit kann man die Tomaten-Ei-Masse mit 2–3 gekochten und gewürfelten Kartoffeln oder weissen Bohnen aus der Dose bereichern.

Für 4 Personen

2 rote Peperoni (Paprika)
2 gelbe Peperoni (Paprika)
6 mittlere Tomaten oder 1 Dose gehackte Tomaten (400 g)
1 mittlere Zwiebel
2–3 Esslöffel Olivenöl
Salz, schwarzer Pfeffer aus der Mühle
1 Teelöffel Paprika
1 Prise Cayennepfeffer
4 Eier

1 Den Ofen auf 220 Grad vorheizen.
2 Die Peperoni waschen und mit Küchenpapier trockentupfen. Auf ein Blech legen. Auf der mittleren Rille des 220 Grad heissen Ofens backen, bis die Haut dunkle Flecken bekommt. In eine Pfanne legen und zugedeckt 10 Minuten ruhen lassen. Die Ofenhitze auf 180 Grad reduzieren.
3 Die Haut der Peperoni abziehen. Die Früchte entkernen und in breite Streifen schneiden.
4 Während die Peperoni backen, die frischen Tomaten kurz in kochendes Wasser tauchen, schälen und würfeln. Die Zwiebel schälen und fein hacken.
5 Das Olivenöl erhitzen. Die Zwiebel darin andünsten. Die Tomaten beifügen. Mit Salz und schwarzem Pfeffer würzen und halb gedeckt auf mittlerem Feuer etwa 20 Minuten zu einer dicklichen Sauce einkochen. Am Schluss den Paprika untermischen und die Tomatensauce mit Cayennepfeffer sowie wenn nötig Salz pikant abschmecken. Etwas abkühlen lassen.
6 Die Eier mit einem Schwingbesen verquirlen, dann unter kräftigem Schlagen zur Tomatensauce rühren. Die Masse wenn nötig nachwürzen.
7 Die Peperonistreifen in eine leicht geölte Gratinform oder eine Pieform von etwa 24 cm Durchmesser verteilen. Die Eier-Tomaten-Mischung darüber geben.
8 Die Tagine im 180 Grad heissen Ofen auf der zweituntersten Rille je nach Art und Grösse der Form 40–50 Minuten stocken lassen. Heiss servieren.

## Zucchettiflan

Eine Art Kuchen ohne Teig ist dieser zarte Zucchettiauflauf. Er ergibt nicht nur eine köstliche fleischlose Mahlzeit, sondern passt auch als Beilage zu Fleischgerichten; in diesem Fall lässt man jedoch die Tomatensauce weg. Hat man zum Backen keine Pie- oder keine runde Gratinform zur Hand, kann man auch eine Springform verwenden, muss diese aber auf ein Kuchenblech stellen oder mit Alufolie unterlegen, da zu Beginn gerne etwas Eiguss aus der Form läuft.

Für 4 Personen

4 mittlere Zucchetti
1 grosse Zwiebel
1 Knoblauchzehe
2 Esslöffel Olivenöl
4 Eier
50 ml Rahm
50 ml Milch
Salz, Pfeffer, Muskat

Sauce:
1 kleine Zwiebel
1 Knoblauchzehe
2 Esslöffel Olivenöl
1 Dose gehackte Tomaten (400 g)
100 ml Bouillon oder Weisswein
2 Esslöffel schwarze Oliven
Salz, schwarzer Pfeffer aus der Mühle

1 Den Stielansatz der Zucchetti entfernen und die Früchte ungeschält in dünne Scheiben schneiden.
2 Zwiebel und Knoblauch schälen und fein hacken. Im Olivenöl etwa 5 Minuten dünsten. Beiseite stellen.
3 Eier, Rahm, Milch, Salz, Pfeffer und Muskat verquirlen. Die Zucchetti sowie die Zwiebel-Knoblauch-Mischung beifügen.
4 Eine Pie- oder feuerfeste runde Gratinform von etwa 26 cm Durchmesser grosszügig ausbuttern. Die Zucchettimasse hineingeben. Mit Alufolie abdecken.
5 Den Zucchettiflan im auf 180 Grad vorgeheizten Ofen auf der zweituntersten Rille etwa 45 Minuten backen. Dann die Folie entfernen und alles nochmals 20–25 Minuten backen, bis die Oberfläche leicht gebräunt ist.
6 Während der Flan im Ofen ist, für die Sauce Zwiebel und Knoblauch schälen und fein hacken. Im Olivenöl andünsten. Die Dosentomaten sowie die Bouillon oder den Weisswein beifügen. Die Sauce auf kleinem Feuer halb zugedeckt etwa 20 Minuten leicht einkochen lassen.
7 Inzwischen die Oliven entsteinen und grob hacken. Am Schluss zur Tomatensauce geben und diese noch 2–3 Minuten kochen lassen. Mit Salz und Pfeffer abschmecken.
8 Den Zucchettiflan in Kuchenstücke schneiden und mit etwas Sauce auf vorgewärmten Tellern anrichten.

# Auberginen-Tomaten-Auflauf

In der italienischen, provenzalischen und griechischen Küche kennt man eine Vielzahl von Auberginengratins. In dieser Variante werden die Auberginen vorgebraten und zusammen mit Fontina, einer Tomatensauce und einem leichten Eiguss gebacken. Auf die gleiche Art kann man auch einen Zucchettigratin zubereiten.

Für 4–6 Personen

800 g Auberginen
Salz
750 g reife Tomaten oder 1 grosse Dose gehackte Tomaten (ca. 800 g)
1 grosse Zwiebel
2 Esslöffel Olivenöl
schwarzer Pfeffer aus der Mühle
1 Prise Zucker
Olivenöl zum Braten
200 g Fontina oder Raclettekäse
2 Eier
100 ml Rahm
150 ml Milch
2 Esslöffel frisch geriebener Parmesan

1 Den Blattansatz der Auberginen abschneiden. Die Früchte ungeschält in knapp 1 cm dicke Scheiben schneiden. Auf der Arbeitsfläche auslegen und mit Salz bestreuen. 20–30 Minuten Wasser ziehen lassen. Dann kurz kalt abspülen und mit Küchenpapier trockentupfen.
2 Frische Tomaten kurz in kochendes Wasser tauchen, schälen, in Stücke schneiden und grob hacken.
3 Die Zwiebel schälen und fein hacken.
4 In einer mittleren Pfanne das Olivenöl erhitzen. Die Zwiebel darin unter Wenden 2–3 Minuten dünsten. Die Tomaten beifügen, mit Salz, Pfeffer sowie Zucker würzen und halb zugedeckt etwa 20 Minuten zu einer dicklichen Sauce einkochen lassen.
5 Inzwischen die Auberginenscheiben portionenweise in einer beschichteten Bratpfanne in Olivenöl beidseitig braten, bis sie leicht gebräunt sind. Auf Küchenpapier abtropfen lassen.
6 Den Fontina oder Raclettekäse in möglichst dünne Scheiben in der Grösse der Auberginen schneiden; am besten geht dies mit Hilfe eines Hobels.
7 Eine grosse Gratinform leicht mit Öl ausstreichen. Die Hälfte der Tomatensauce auf dem Boden verteilen. Auberginen- und Käsescheiben abwechselnd ziegelartig einschichten und jeweils etwas von der restlichen Tomatensauce dazwischen geben.
8 Eier, Rahm, Milch und Parmesan verquirlen und mit Salz sowie Pfeffer würzen. Über die eingeschichteten Zutaten verteilen.
9 Den Auberginenauflauf im auf 180 Grad vorgeheizten Ofen auf der zweituntersten Rille 35–40 Minuten backen. Heiss servieren.

## Zucchettigratin mit Kräutern

Für diesen Gratin werden Zucchettihälften mit einem knusprigen Belag aus Kräutern, Paniermehl und Käse versehen und in einem Tomatenbett gebacken. Als Beilage kann man in Butter gebratene kleine Kartoffeln oder einen Bouillonreis dazu servieren.

Für 4 Personen

750 g Tomaten
1 Zwiebel
1 Bund Basilikum
2 Esslöffel Butter zum Dünsten
Salz, schwarzer Pfeffer aus der Mühle
6 mittlere Zucchetti
1 Bund Schnittlauch
2–3 Zweige Zitronenmelisse
75 g Butter
8 Esslöffel Paniermehl
6 Esslöffel frisch geriebener Parmesan oder Sbrinz
6 Esslöffel Rahm

**1** Die Tomaten kurz in kochendes Wasser tauchen, kalt abschrecken, schälen, in Stücke schneiden und grob hacken.
**2** Die Zwiebel schälen und fein hacken. Das Basilikum in feine Streifchen schneiden.
**3** In einer weiten Pfanne die Butter schmelzen. Die Zwiebel darin andünsten. Die Tomaten und das Basilikum beifügen und alles nur gerade 2–3 Minuten mitdünsten. Mit Salz und Pfeffer abschmecken. Auf dem Boden einer ausgebutterten Gratinform verteilen.
**4** Den Stielansatz der Zucchetti entfernen und die Früchte ungeschält der Länge nach halbieren. Mit der Schnittfläche nach oben in das Tomatenbett legen. Mit Salz und Pfeffer leicht würzen.
**5** Den Schnittlauch in Röllchen schneiden. Die Zitronenmelisse fein hacken.
**6** Die zweite Portion Butter in einem Pfännchen schmelzen. Schnittlauch, Zitronenmelisse, Paniermehl, Parmesan oder Sbrinz sowie Rahm hinzufügen und alles zu einer Paste mischen. Diese auf die Schnittflächen der Zucchetti streichen.
**7** Die Zucchetti im auf 200 Grad vorgeheizten Ofen auf der zweituntersten Rille 35–40 Minuten backen. Heiss servieren.

## Erbsen-Tarte

In Süditalien wird dieser Erbsenkuchen oft als Beilage zu Fleischgerichten mit Sauce serviert. Er schmeckt aber – begleitet zum Beispiel von einem grünen Salat sowie Bratkartoffeln – auch gut als eigenständige Mahlzeit. Ausgekühlt, aber nie aus dem Kühlschrank passt die Erbsen-Tarte auch auf ein Antipasti-Buffet.

Für 4–6 Personen

1 grosse Zwiebel
25 ml Olivenöl
500 g ausgehülste frische Erbsen (aus ca. 1,5 kg Schoten) oder tiefgekühlte Erbsen
Salz
4 Eier
4 Esslöffel frisch geriebener Pecorino oder Parmesan
schwarzer Pfeffer aus der Mühle

1 Die Zwiebel schälen und fein hacken. Im Olivenöl hellgelb dünsten.
2 Die Erbsen beifügen und unter Wenden kurz andünsten. 3–4 Esslöffel Wasser dazugeben und die Erbsen zugedeckt je nach Qualität 5–10 Minuten dünsten, bis sie weich sind. Erst dann leicht salzen. Überschüssige Flüssigkeit abgiessen und die Erbsen etwas abkühlen lassen.
3 In einer grossen Schüssel die Eier und den Käse mit einer Gabel gut verquirlen. Die Masse pikant mit Salz und Pfeffer würzen. Die Erbsen beifügen und alles sorgfältig mischen. In eine mit Olivenöl ausgestrichene Pie- oder Gratinform geben.
4 Die Erbsen im auf 200 Grad vorgeheizten Ofen 20–25 Minuten backen. Heiss oder lauwarm servieren.

# Griechischer Spinatkuchen

Die Kombination von Spinat und Schafskäse – hier in Form von Feta – ist typisch für die ganze Mittelmeerküche. In diesem Rezept bildet sie die Füllung eines blättrigen Kuchens aus Filoteig (siehe auch Tipp Seite 38). Findet man diesen in der orientalischen Küche häufig gebrauchten und bei uns zunehmend auch tiefgekühlt erhältlichen Teig nicht, kann man einen Strudelteig herstellen, den man so dünn wie möglich auszieht; in diesem Fall nur 3–4 Lagen Teig zum Auskleiden der Form sowie als Deckel verwenden.

Ergibt 8 Stück

1,2 kg frischer Spinat oder ca. 800 g tiefgekühlter Blattspinat
2 mittlere Zwiebeln
2 Bund Dill
50 g Butter
4 Eier
150 ml Milch
500 g Feta (ursprünglich griechischer Schafskäse)
Salz, schwarzer Pfeffer
50 g Butter
1 Paket Filoteig (ca. 450 g)
1 Eigelb

**1** Den Spinat gründlich waschen. Tropfnass in eine Pfanne geben und so lange dünsten, bis er zusammengefallen ist. In ein Sieb abschütten und gut ausdrücken, dann grob hacken. Tiefkühlspinat anoder auftauen lassen, dann ebenfalls ausdrücken und hacken.
**2** Die Zwiebeln schälen und fein hacken. Den Dill ebenfalls hacken.
**3** Die Butter erhitzen. Die Zwiebeln darin goldgelb andünsten. Spinat und Dill beifügen und unter häufigem Wenden etwa 5 Minuten mitdünsten. Auskühlen lassen.
**4** Eier und Milch in einer grossen Schüssel verquirlen. Den Feta fein zerbröseln und beifügen. Die Masse zurückhaltend mit Salz sowie reichlich frisch gemahlenem Pfeffer würzen. Den Spinat untermischen.
**5** Die zweite Portion Butter in einem Pfännchen schmelzen.
**6** Mit Hilfe eines Springformbodens von 24 cm Durchmesser aus 7 Lagen Filoteig je 1 Rondelle schneiden und beiseite legen. Den Formenrand aufsetzen und die Form ausbuttern. Den restlichen Teig in breite Bahnen schneiden und mit etwas Butter bestreichen. Die Springform damit in mehreren Schichten übereinander so auslegen, dass die Teigbahnen sich überlappen und über den Formenrand hinaushängen. Die Spinatmasse hineingeben und die Teigränder über die Füllung klappen. Mit Butter bestreichen. Die 7 Rondellen ebenfalls mit Butter bestreichen und als Deckel auf den Spinat legen. Mit dem Eigelb bestreichen.
**7** Den Spinatkuchen im auf 200 Grad vorgeheizten Ofen auf der untersten Rille 50–60 Minuten backen; wenn die Oberfläche zu stark bräunt, mit Alufolie abdecken. Der Spinatkuchen wird heiss, lauwarm oder kalt, nach Belieben in Stücke, Rechtecke oder Rhomben geschnitten, serviert.

## Gefüllte Zucchettiblüten

Die zur grossen Kürbisfamilie gehörenden Zucchetti haben hübsche Blüten, die essbar sind. Sie werden entweder in einen Ausbackteig getaucht und in gutem Olivenöl frittiert oder gebraten, oder aber man füllt sie – vorzugsweise mit Ricotta – und dünstet sie im Ofen wie in diesem Rezept. Dazu serviere ich eine erfrischende Tomatenvinaigrette. Man kann diese aber auch weglassen und als Beilage Reis wählen.

Für 4 Personen

12 kleine Zucchetti mit Blüten
4 Schalotten
2 Knoblauchzehen
2 Esslöffel Olivenöl
1 Bund Petersilie
1 Bund Basilikum
200 g Ricotta oder Frischkäse (z. B. Quark)
50 g geriebener Parmesan
Salz, schwarzer Pfeffer
100 ml Gemüsebouillon
100 ml Weisswein

Vinaigrette:
1 grosse Fleischtomate
1 grosser Bund Schnittlauch
3 Esslöffel Weissweinessig
1 Teelöffel scharfer Senf
Salz, Pfeffer
5 Esslöffel Olivenöl

1 Die Blütenstempel der Zucchettiblüten sorgfältig herausdrehen. Die Fruchtkörper, also die eigentlichen Zucchetti fächerartig drei bis vier Mal der Länge nach so einschneiden, dass sie noch zusammenhalten.
2 Schalotten und Knoblauch schälen und fein hacken. Im Olivenöl glasig dünsten. Abkühlen lassen.
3 Petersilie und Basilikum fein hacken. Mit der Schalotten-Knoblauch-Mischung zum Ricotta oder Frischkäse geben. Den Parmesan beifügen. Die Masse mit Salz und Pfeffer würzen. Mit einem kleinen Löffel sorgfältig in die Zucchettiblüten füllen.
4 Die Zucchettiblüten in eine Gratinform legen. Gemüsebouillon und Weisswein dazugiessen. Die Form mit Alufolie verschliessen.
5 Die Zucchettiblüten im auf 200 Grad vorgeheizten Ofen auf der zweituntersten Rille 30–35 Minuten garen.
6 Für die Vinaigrette die Tomate kurz in kochendes Wasser tauchen, schälen, quer halbieren, entkernen und klein würfeln. Den Schnittlauch in Röllchen schneiden. Essig, Senf, Salz, Pfeffer und Olivenöl verrühren. Schnittlauch und Tomatenwürfel beifügen. Die Vinaigrette über die noch warmen Zucchetti geben. Frisch zubereitet oder ausgekühlt, aber nie aus dem Kühlschrank geniessen.

# Kräuter-Artischocken



Bei uns werden Artischocken meist Blatt für Blatt mit einer Dipsauce gegessen. In südländischen Küchen hingegen werden sie oft gefüllt, wie in diesem Rezept mit Tomatenwürfelchen, reichlich Kräutern, Knoblauch und Kapern sowie etwas Paniermehl, und dann in einem Weissweinsud im Ofen langsam gegart. Dies tönt etwas aufwendig, lässt sich aber gut vorbereiten. Die Artischocken schmecken am besten lauwarm serviert. Als Beilage passen frisches Weissbrot oder Reis.

Für 4 Personen

4 mittlere Artischocken
Saft von 1 Zitrone
2 mittlere Tomaten
3 Bund glattblättrige Petersilie
1 Bund Thymian
4 Knoblauchzehen
2 Esslöffel Kapern
50 g Paniermehl
100 ml Olivenöl für die Füllung
Salz, schwarzer Pfeffer aus der Mühle
400 ml Weisswein
1 Zwiebel
2 Lorbeerblätter
2 Nelken
75 ml Olivenöl

**1** Den Stiel der Artischocken ausbrechen; das ist besser als abschneiden, weil dabei zähe Fäden aus den Böden herausgezogen werden. Dann drei bis vier Reihen der äusseren, harten Blätter entfernen und den Boden glatt schneiden. Das obere Drittel der Artischockenblätter wegschneiden. Zum Schluss die inneren feinen Blättchen und das so genannte Heu entfernen. Die gerüsteten Artischocken sofort in eine Schüssel mit reichlich Wasser und dem Zitronensaft geben, damit sie sich nicht verfärben.

**2** Die Tomaten kurz in kochendes Wasser geben, herausnehmen, schälen, quer halbieren, entkernen und möglichst klein würfeln. Die Petersilie fein hacken. Die Thymianblättchen von den Zweigen zupfen. Den Knoblauch schälen und fein hacken. Die Kapern kurz unter warmem Wasser spülen, dann ebenfalls hacken. Alle diese Zutaten zusammen mit dem Paniermehl und dem Olivenöl mischen und kräftig mit Salz sowie Pfeffer würzen.

**3** Die Artischocken gut abtropfen lassen und in einen Bräter oder in eine feuerfeste Form setzen. Die Füllung in und auf den Artischocken verteilen. Die Früchte mit Weisswein umgiessen. Die Zwiebel schälen, halbieren und mit je 1 Lorbeerblatt und 1 Nelke bestecken. In die Garflüssigkeit legen. Die Artischocken grosszügig mit der zweiten Portion Olivenöl beträufeln. Die Form mit einem Deckel oder mit Alufolie verschliessen.

**4** Die Artischocken im auf 200 Grad vorgeheizten Ofen auf der zweituntersten Rille je nach Grösse 75–90 Minuten garen. Die letzten 10–15 Minuten abdecken, damit sie leicht überbacken. Sie sind weich, wenn sich die Blätter mühelos herauszupfen lassen.

## Marinierte gebackene Tomaten

Eines meiner Lieblingsrezepte: Sonnenreife Tomaten werden halbiert, mit Knoblauch und Basilikumblättchen belegt, mit viel Olivenöl beträufelt im Ofen langsam gebacken und am Schluss mit etwas Balsamicoessig gewürzt – schmeckt himmlisch sowohl als einfache Vorspeise wie auch als Beilage zu Grillspezialitäten.

Für 4–6 Personen

12 grosse, reife, aromatische Tomaten
Salz, schwarzer Pfeffer
4–5 Knoblauchzehen
1 Bund Basilikum
100 ml kaltgepresstes Olivenöl
2 Esslöffel Balsamicoessig
12 schwarze Oliven

1 Den Backofen auf 200 Grad vorheizen.
2 Die Tomaten kurz in kochendes Wasser geben, herausheben, kalt abschrecken, häuten und halbieren. Mit der Schnittfläche nach oben nebeneinander in eine Gratinform setzen. Mit Salz und Pfeffer würzen.
3 Den Knoblauch schälen und in dünne Scheibchen schneiden. Auf den Tomaten verteilen.
4 Die Basilikumblätter von den Stielen zupfen und durch das Olivenöl ziehen. Die Tomaten damit belegen. Diese grosszügig mit dem restlichen Olivenöl beträufeln.
5 Die Tomaten in der Mitte des 200 Grad heissen Ofens einschieben und etwa 45 Minuten backen, bis die Tomaten an den Rändern ganz leicht bräunen. Aus dem Ofen nehmen und mit dem Balsamicoessig beträufeln.
6 Die Oliven halbieren, entsteinen und in Streifen schneiden. Über die Tomaten verteilen. Lauwarm oder ausgekühlt servieren.

# Artischocken mit Thon

Ein kleiner würziger Thonsalat ergibt in diesem Rezept die Füllung von ausgelösten Artischockenböden. Diese können aber auch mit einer Vielzahl anderer Füllungen versehen werden, so zum Beispiel mit einigen der Crostinibeläge (Rezepte Seiten 24–27) oder den gebratenen Champignons mit Dörrtomaten (Rezept Seite 34).

Für 4 Personen

4 grosse Artischocken
2 Zitronen
4 mittlere feste Tomaten
1 kleine Zwiebel
2 Knoblauchzehen
1 Dose Thon (Thunfisch)
4 Esslöffel Weisswein
2 Esslöffel Balsamicoessig
4 Esslöffel Olivenöl
Salz, Pfeffer aus der Mühle

**1** Die Artischocken gründlich kalt abspülen und die Stiele herausbrechen. Dann die Böden glatt schneiden. Das obere Drittel der Artischockenblätter mit einem Sägemesser abschneiden.
**2** Jede Zitrone in 4 schöne Scheiben schneiden (ohne Anschnitte gerechnet). Den Boden und das obere Ende der Artischocken mit je 1 Zitronenscheibe belegen und diese mit Küchenschnur festbinden.
**3** Die Artischocken in reichlich Salzwasser je nach Grösse 30–40 Minuten weich kochen; sie sind gar, wenn sich die Blätter mühelos herausziehen lassen. Herausheben, die Zitronenscheiben entfernen und die Artischocken gut abtropfen lassen, indem man sie kurz auf den Kopf stellt.
**4** Während die Artischocken kochen, die Tomaten quer halbieren, entkernen und klein würfeln. Zwiebel und Knoblauch schälen und fein hacken. Den Thon abtropfen lassen und grob zerzupfen. Alles in eine Schüssel geben. Wein, Essig, Öl, Salz und Pfeffer zu einer Sauce rühren. Über die Zutaten giessen, mischen und etwa 15 Minuten ziehen lassen.
**5** Die Artischockenblätter bis aufs Herz herauszupfen. Die schönsten Blätter beziehungsweise jene, die am meisten Fleisch enthalten, kreisförmig auf 4 Tellern anrichten. Die Artischockenböden mit Hilfe eines scharfen Messers vom Heu (Fasern) befreien. In die Mitte der Artischockenblätter legen und bergartig mit Thonsalat füllen.

## Sommergemüse mit Oliven- und Knoblauchsauce

In der Provence wird die berühmte Aïoli, eine rustikal-deftige Knoblauchsauce, längst nicht nur zur traditionellen Fischsuppe serviert, sie begleitet oft auch eine Gemüseplatte mit hart gekochten Eiern und neuen Kartoffeln in der Schale. Diesem Rezept nachempfunden ist dieses Gericht, für das verschiedene gekochte Gemüse zusammen mit einer Knoblauch-Kräuter- sowie einer Olivensauce serviert werden. Beide Saucen passen übrigens auch zu rohem Dipgemüse oder als Aufstrich auf gebackene warme Pariserbrotscheiben. Übrigens: Die Zusammenstellung der Gemüse ist lediglich ein Vorschlag; es eignen sich auch viele andere Sorten. Wer einen Dämpfaufsatz oder ein spezielles Dampfgargerät besitzt, kann dieses unkomplizierte Gemüsegericht besonders schonend garen.

Für 4 Personen

Olivenpaste:
100 g schwarze Oliven
25 g Sardellenfilets (Anchovis) oder etwas Sardellenpaste aus der Tube
4–6 Zweige Thymian
1 Esslöffel Kapern
75 ml Olivenöl
etwas abgeriebene Zitronenschale
nach Belieben 1 Esslöffel Cognac
schwarzer Pfeffer aus der Mühle

Knoblauchsauce:
2 Eigelb
1 Teelöffel scharfer Senf
2 Teelöffel Weissweinessig
250 ml Öl
3 Esslöffel gemischte gehackte Kräuter (z. B. Estragon, Kerbel, Petersilie)
4 grosse Knoblauchzehen
Salz, Pfeffer

Gemüse:
8–12 kleine neue Kartoffeln
250 g grüne Bohnen
300 g kleine Karotten oder Bundkarotten
8 weisse oder grüne Spargeln
1 kleine Staude Stangensellerie

1 Die Oliven entsteinen. Die Sardellenfilets kalt abspülen. Die Thymianblättchen von den Zweigen zupfen. Alle diese Zutaten mit den Kapern und dem Olivenöl im Mixer oder mit dem Stabmixer sehr fein pürieren. Mit Zitronenschale, Cognac und Pfeffer abschmecken.

2 Für die Knoblauchsauce Eigelb, Senf und Essig verrühren. Das Öl zunächst tropfenweise, dann in dünnem Faden unterschlagen. Die Kräuter beifügen. Den Knoblauch dazupressen. Die Sauce mit Salz und Pfeffer abschmecken.

3 Die Kartoffeln ungeschält in nicht zu viel Wasser weich kochen.

4 Die Bohnen rüsten.

5 In einen Topf 3–4 cm hoch Wasser geben und aufkochen. Leicht salzen. Die Bohnen hineingeben und zugedeckt 10 Minuten vorkochen.

6 Karotten, Spargeln und Stangensellerie rüsten. Nach 10 Minuten Kochzeit der Bohnen beifügen und zugedeckt mitgaren.

7 Kartoffeln und Gemüse dekorativ auf einer Platte anrichten. Die Saucen separat dazu servieren.

# Gefüllte Auberginen mit Tomaten und Mozzarella

Auberginen gehören im ganzen Mittelmeerraum zu den beliebtesten Gemüsen. Es gibt verschiedene Sorten, die sich allerdings nur in Form und Farbe, nicht aber im Geschmack unterscheiden. Früher enthielten Auberginen viel Bitterstoffe. Deshalb hat man die Früchte vor der Zubereitung in Scheiben geschnitten und gesalzen, um ihnen die Bitterstoffe zu entziehen. Dies ist heute bei den meisten Auberginensorten neuerer Züchtung nicht mehr nötig, da diese sehr mild im Geschmack sind. In diesem Rezept werden die Auberginen mit einer zarten Füllung aus gebratenem Auberginenfleisch, Tomaten, Kräutern und Mozzarella versehen.

Für 4–6 Personen

4 mittlere Auberginen
8 Esslöffel Olivenöl zum Ausstreichen
8 mittlere feste Tomaten
1 mittlere Zwiebel
50 ml Olivenöl zum Dünsten
1 Bund Petersilie
Salz, schwarzer Pfeffer
250 g Mozzarella

**1** Die Auberginen waschen, den Stielansatz entfernen und die Früchte der Länge nach halbieren. Mit einem Kugelausstecher (Pariserlöffel) oder einem scharfkantigen Teelöffel das Fruchtfleisch bis auf einen Rand von etwa 1 cm herausholen. Die so vorbereiteten Auberginenhälften mit je 1 Esslöffel Olivenöl ausstreichen. Auf ein Backblech setzen. Die Auberginen im auf 220 Grad vorgeheizten Ofen auf der zweituntersten Rille 30 Minuten garen.
**2** Inzwischen das ausgelöste Auberginenfleisch fein hacken.
**3** Die Tomaten kurz in kochendes Wasser geben, herausnehmen, kalt abschrecken, schälen, quer halbieren, entkernen und klein würfeln.
**4** Die Zwiebel schälen und fein hacken.
**5** Das Olivenöl erhitzen. Die Zwiebel beifügen und kurz andünsten. Dann das Auberginenfleisch dazugeben und unter häufigem Wenden etwa 10 Minuten weich dünsten.
**6** Die Petersilie fein hacken. Zusammen mit den Tomatenwürfelchen zum gedünsteten Auberginenfleisch geben. Die Masse pikant mit Salz und Pfeffer würzen. Auskühlen lassen.
**7** Den Mozzarella klein würfeln und unter die ausgekühlte Gemüsemischung geben.
**8** Die Auberginenhälften aus dem Ofen nehmen. Die Gemüse-Käse-Mischung in die Hälften füllen.
**9** Die Auberginen im weiterhin 220 Grad heissen Ofen auf der zweituntersten Rille nochmals 20–25 Minuten backen. Heiss oder lauwarm servieren.

# Imam Bayildi, mit Zwiebeln gefüllte Auberginen

Der Name dieses wohl berühmtesten Auberginengerichts aus der türkischen Küche be deutet «Der Imam fiel in Ohnmacht». Nach der Legende sollen diese mit reichlich Zwiebeln gefüllten Auberginen einem Imam so gut geschmeckt haben, dass er davon ass, bis er umfiel. So weit muss man es ja nicht kommen lassen! Wie viele Gemüsegerichte aus der Mittelmeerküche schmecken diese Auberginen übrigens am besten lauwarm. Eine Hälfte pro Person gerechnet ergibt auch eine köstliche Vorspeise.

Für 4 Personen

2 grosse, möglichst runde Auberginen
4 mittlere Zwiebeln
4 Knoblauchzehen
ca. 100 ml Olivenöl
2 Esslöffel gehackte Petersilie
1 Teelöffel Rosenpaprika (scharf)
Salz
1 feste Tomate
1 gelbe Peperoni (Paprika)
ca. 150 ml Bouillon

**1** Den Stielansatz der Auberginen wegschneiden. Dann der Länge nach einen etwa 1 cm breiten Streifen Schale abschälen, einen etwa gleich breiten Streifen Schale stehen lassen, wieder einen Streifen abschälen und so fortfahren, bis die Aubergine rundum ein schönes Streifenmuster aufweist. Dann die Auberginen der Länge nach halbieren. Auf den Schnittflächen in der Mitte der ganzen Länge nach einen tiefen Einschnitt anbringen. Die Auberginen mit dem Messer mehrfach einstechen, damit sie beim Braten das Öl besser aufnehmen und zarter werden.

**2** Die Zwiebeln und den Knoblauch schälen und in feine Streifen bzw. Scheibchen schneiden.

**3** In einer Bratpfanne etwa zwei Drittel des Olivenöls erhitzen. Die Auberginen hineingeben und rundum 3–5 Minuten anbraten. Aus der Pfanne nehmen und mit den Schnittflächen nach oben in eine Gratinform legen.

**4** Das restliche Olivenöl in die Pfanne geben. Darin die Zwiebeln und den Knoblauch andünsten. Die Petersilie und den Rosenpaprika beifügen und kurz mitdünsten. Alles leicht salzen.

**5** Die Einschnitte in den Schnittflächen der Auberginen mit den Fingern auseinander drücken und mit der Zwiebelmasse füllen.

**6** Die Tomate in Achtel schneiden. Die Peperoni halbieren, entkernen und in 8 Streifen schneiden. Beides auf den Auberginen verteilen. Die Bouillon um die Auberginen herum giessen. Die Form mit Alufolie verschliessen.

**7** Die Auberginen im auf 180 Grad vorgeheizten Ofen auf der zweituntersten Rille 50–60 Minuten garen. Nach der Hälfte der Backzeit die Folie entfernen, so dass die Auberginen leicht überbacken werden.

# Bunter Spinat mit Joghurtsauce

Spinat erfreut sich in allen Mittelmeerländern grosser Beliebtheit. Dieses Rezept ist von der orientalischen Küche inspiriert: Mit Tomaten, Zwiebeln, Hackfleisch und Reis wird der Spinat in einen farbenfrohen Eintopf verwandelt. Dazu serviert man eine mit Knoblauch gewürzte Joghurtsauce.

Für 4 Personen

1 kg frischer Spinat oder ca. 400 g tiefgekühlter Blattspinat
4 feste Tomaten
2 mittlere Zwiebeln
4–5 Esslöffel Olivenöl
250 g gehacktes Lamm- oder Rindfleisch
Salz, schwarzer Pfeffer aus der Mühle
1 Teelöffel Rosenpaprika (scharf)
100 g Langkornreis

Joghurtsauce:
1 Becher Joghurt nature (180 g)
1–2 Knoblauchzehen
Salz, Pfeffer

1 Frischen Spinat gründlich waschen. In kochendes Salzwasser geben und nur gerade ½ Minute blanchieren. In ein Sieb abschütten und sehr gut ausdrücken. Tiefgekühlten Spinat leicht antauen lassen.
2 Die Tomaten kurz in kochendes Wasser geben, herausnehmen, kalt abschrecken, schälen, quer halbieren, entkernen und in Würfel schneiden.
3 Die Zwiebeln schälen und hacken.
4 In einer grossen Pfanne das Olivenöl erhitzen. Die Zwiebeln darin glasig dünsten. Die Hitze höher stellen. Das Hackfleisch beifügen und unter Wenden gut anbraten. Mit Salz, Pfeffer und Rosenpaprika kräftig würzen. Den Spinat und die Tomaten sorgfältig untermischen. Alles zugedeckt auf kleinem Feuer 10 Minuten dünsten.
5 Den Reis darüber streuen und 200 ml Wasser dazugiessen. Das Gericht auf kleinem Feuer zugedeckt etwa 15 Minuten kochen lassen. Ist die Flüssigkeit eingekocht und der Reis noch nicht ganz gar, etwas Wasser nachgeben. Am Schluss wenn nötig nachwürzen.
6 Für die Sauce den Joghurt in einem Schüsselchen glatt rühren. Den Knoblauch dazupressen und die Sauce mit Salz und Pfeffer würzen. Separat zum heissen Spinateintopf servieren.

# Fenchelgratin

In Italien ist Fenchel so beliebt, dass er früher sogar als Nachspeise serviert wurde. Auch dieses Fenchelrezept stammt aus der italienischen Küche: Zusammen mit einer Tomatensauce, gewürzt mit Fenchelgrün, wird das Gemüse im Ofen überbacken. Der Gratin ist eine ausgezeichnete Beilage zu vielen Fleischgerichten und Grillspezialitäten. Wer eine fleischlose Mahlzeit wünscht, serviert dazu in Olivenöl gebratene kleine Schalenkartoffeln.

Für 4 Personen

6 mittlere Fenchelknollen
Salz
1 mittlere Zwiebel
3–4 Esslöffel Olivenöl
1 gehäufter Esslöffel Tomatenpüree
1 Dose gehackte Tomaten (400 g)
½ Bund glattblättrige Petersilie
schwarzer Pfeffer aus der Mühle
50 g frisch geriebener Parmesan
oder Sbrinz
etwas Olivenöl zum Beträufeln

**1** Den Fenchel rüsten, dabei schönes Grün auf die Seite legen. Die Knollen der Länge nach vierteln. In wenig Salzwasser oder in einem Siebeinsatz über Dampf nicht zu weich garen.
**2** Während der Fenchel kocht, die Zwiebel schälen und fein hacken. Im Olivenöl andünsten. Das Tomatenpüree beifügen und kurz mitrösten. Die Dosentomaten dazugeben. Die Petersilie fein hacken und darunter mischen. Die Sauce mit Salz sowie Pfeffer würzen und zugedeckt 15–20 Minuten kochen lassen.
**3** Das Fenchelgrün hacken und gegen Schluss zur Sauce geben.
**4** Den gekochten Fenchel abschütten, gut abtropfen lassen und in einer gut ausgebutterten Gratinform verteilen. Die Tomatensauce darüber geben. Alles mit dem Parmesan oder dem Sbrinz bestreuen und mit Olivenöl beträufeln.
**5** Den Fenchelgratin im auf 200 Grad vorgeheizten Ofen auf der zweituntersten Rille 20–25 Minuten golden überbacken.

# Cassoulet von jungem Sommergemüse



Italiens Küche ist ohne dicke Bohnen – sie werden auch Sau- oder Puffbohnen genannt – undenkbar. Im Frühjahr, wenn sie jung und zart sind, isst man sie sogar roh. Bei uns sind sie oft nur auf Märkten oder im italienischen Spezialgeschäft erhältlich. In diesem schmackhaften Gemüseeintopf können sie auch durch andere junge Gemüse wie zum Beispiel grüne Bohnen, Fenchel oder Zucchetti ersetzt werden. Das Cassoulet ist nicht nur eine raffinierte fleischlose Mahlzeit, sondern passt auch als originelle Beilage zu grilliertem oder kurz gebratenem Fleisch.

Für 4 Personen

1 kg dicke Bohnen
1 kg Erbsen in der Schote oder ca. 300 g ausgelöste tiefgekühlte Erbsen
2 Bund junge Karotten, ersatzweise möglichst kleine Karotten
400 g möglichst kleine neue Kartoffeln
2 Bund Frühlingszwiebeln
3–4 Esslöffel Olivenöl zum Dünsten
100 ml Gemüse- oder Hühnerbouillon
1 Bund glattblättrige Petersilie oder Schnittlauch
2 Esslöffel Zitronensaft
2 Esslöffel Weissweinessig
1 Teelöffel Senf
Salz, schwarzer Pfeffer aus der Mühle
6–7 Esslöffel Olivenöl für die Sauce

**1** Die dicken Bohnen enthülsen. In eine Schüssel geben und die Bohnenkerne mit reichlich kochendem Wasser übergiessen. Wenn das Wasser nur noch lauwarm ist, die Bohnen abschütten und schälen; dies geht ganz einfach, indem man die äussere Haut mit den Fingern abknipst, so dass man die zwei grünen Bohnenkerne erhält.

**2** Die Erbsen aus der Schote lösen; Tiefkühlerbsen können noch gefroren verwendet werden.

**3** Vom Grün der Bundkarotten ein Büschelchen am Gemüse stehen lassen. Die Karotten unter fliessendem Wasser bürsten; meist ist es nicht nötig, sie zu schälen.

**4** Die Kartoffeln ebenfalls unter dem Wasser bürsten und wenn nötig je nach Grösse halbieren.

**5** Die Frühlingszwiebeln rüsten, dabei etwa 3 cm Grün stehen lassen und die Zwiebeln je nach Grösse halbieren oder vierteln.

**6** In einer grossen Pfanne das Olivenöl erhitzen. Frühlingszwiebeln, Karotten und Kartoffeln darin andünsten. Die Bouillon beifügen und das Gemüse zugedeckt 10 Minuten garen. Dann die dicken Bohnen und Erbsen beifügen und das Gemüse nochmals 8–10 Minuten kochen lassen.

**7** Inzwischen die Petersilie oder den Schnittlauch fein schneiden. Mit dem Zitronensaft, Essig, Senf, Salz, Pfeffer und Olivenöl zu einer Sauce rühren.

**8** Das knackig gekochte Gemüse mit der Sauce mischen. Sofort in einer Schüssel anrichten und warm servieren.

## Gebackene Zwiebeln

Diese saftigen und aromatischen Zwiebeln sind eine raffinierte Beilage zu kurz gebratenem oder grilliertem Fleisch, können aber mit Salat und Salzkartoffeln serviert auch eine eigenständige Mahlzeit sein. In Italien sind sie ausgekühlt auch oft Bestandteil eines Antipasti-Buffets.

Für 4–6 Personen

4–6 grosse frische weisse oder rote Zwiebeln
Salz, schwarzer Pfeffer aus der Mühle
30 g frisch geriebener Parmesan
4 Esslöffel Olivenöl

1 Die Zwiebeln ungeschält einzeln in Alufolie wickeln; dabei darauf achten, dass der Verschluss nach oben kommt, damit beim Backen kein Saft auslaufen kann. Die Zwiebeln in eine feuerfeste Form setzen. Im auf 200 Grad vorgeheizten Ofen auf der zweituntersten Rille je nach Grösse 30–40 Minuten backen.

2 Die Zwiebeln herausnehmen, aus der Folie wickeln und leicht abkühlen lassen. Dann die Wurzelansätze abschneiden und wenn nötig die äusseren Schichten der Zwiebelhaut entfernen (am besten mit Hilfe einer Schere). Die Zwiebeln der Länge nach halbieren und mit der Schnittfläche nach oben in eine mit Olivenöl ausgestrichene feuerfeste Form geben. Mit Salz und Pfeffer würzen und mit Parmesan bestreuen. Alles mit Olivenöl beträufeln.

3 Die Zwiebeln im 200 Grad heissen Ofen nochmals 12–15 Minuten fertig backen, bis die Oberfläche goldbraun ist. Heiss oder lauwarm servieren.

# Milchpudding mit Marsalasauce

Das ist die erfrischende Variante von Panna cotta, einem der beliebtesten Desserts aus der italienischen Küche. Die kleinen Puddinge werden mit Milch zubereitet und an einer karamellisierten Marsalasauce serviert. Im Sommer gebe ich aber oft auch eine leichte Fruchtsauce dazu.

Ergibt 4–5 Portionen

1 l Milch
100 g Zucker
1 Vanillestengel
8 Eigelb
2 Eiweiss
1 Prise Salz

Sauce:
50 g Zucker
100 ml Marsala
Saft von ½ Zitrone

**1** Die Milch, den Zucker sowie den der Länge nach aufgeschlitzten Vanillestengel samt den herausgekratzten Samen in einen Topf geben. Auf kleinem Feuer unter gelegentlichem Rühren so lange kochen lassen, bis noch 500 ml übrig sind; dies dauert etwa 1 Stunde. Durch ein feinmaschiges Sieb giessen und auskühlen lassen.
**2** Den Backofen auf 160 Grad vorheizen. Reichlich Wasser aufkochen. 4–5 Portionenförmchen ausbuttern.
**3** Die Eigelbe verquirlen. Die eingekochte Milch dazugiessen.
**4** Die Eiweisse mit einer Prise Salz steif schlagen. Gut unter die Eiermilch rühren. Sofort in die vorbereiteten Formen füllen und diese mit Alufolie verschliessen. Die Puddinge in eine feuerfeste Form stellen und mit so viel kochend heissem Wasser umgiessen, dass die Formen gut zur Hälfte im Wasserbad stehen.
**5** Die Puddinge sofort im 160 Grad heissen Ofen auf der zweituntersten Rille 40–50 Minuten backen. Zur Garprobe ein kleines spitzes Messer hineinstechen; bleibt es sauber, sind die Puddinge genügend gegart. Mindestens 2 Stunden kalt stellen.
**6** Für die Sauce etwa ½ Stunde vor dem Servieren den Zucker zu hellbraunem Karamell schmelzen. Mit dem Marsala und dem Zitronensaft ablöschen und alles noch so lange kochen, bis sich das Karamell aufgelöst hat. Leicht abkühlen lassen.
**7** Zum Servieren etwas Marsalasauce auf die Puddinge geben oder diese auf Teller stürzen und mit der Sauce umgiessen. Zum Stürzen zuvor den Rand sorgfältig mit einem spitzen Messer lösen und die Formen kurz in heisses Wasser stellen.

ARSALA

# Sardischer Joghurtpudding

Joghurt ist, sehr oft aus Schafsmilch zubereitet, im ganzen Mittelmeerraum verbreitet und beliebt. Hier präsentiert sich diese Milchspezialität in Form eines köstlichen Puddings mit zwei Fruchtsaucen – ein Dessert, von dem man kaum genug bekommen kann!



Ergibt 6–8 Portionen

500 ml Joghurt nature
500 ml Doppelrahm
1 Päckchen Bourbon-Vanillezucker
100 g Zucker
nach Belieben 2–3 Esslöffel Limoncino (Zitronenlikör)
6 Blatt Gelatine

Himbeersauce:
400 g Himbeeren
Saft von 1 Orange
2–3 Esslöffel Zucker

Aprikosensauce:
400 g Aprikosen
100 ml Weisswein
3–4 Esslöffel Zucker

**1** Joghurt, Doppelrahm, Vanillezucker, Zucker sowie Zitronenlikör in eine Schüssel geben und mit einem Schwingbesen glatt rühren.
**2** Die Gelatineblätter in kaltem Wasser einweichen, bis sie zusammengefallen sind. Herausnehmen und tropfnass in einem Pfännchen bei kleiner Hitze unter Rühren auflösen. Vom Herd nehmen. Einige Löffel Joghurtcreme darunter rühren. Dann diese Mischung unter die restliche Creme schlagen.
**3** Eine Ringform oder Portionenförmchen mit kaltem Wasser ausspülen. Die Joghurtcreme einfüllen. Den Pudding mindestens 6 Stunden, besser aber über Nacht kühl stellen, bevor man ihn stürzt.
**4** Für die Himbeersauce die Beeren mit dem Orangensaft und dem Zucker pürieren. Durch ein Sieb streichen, um die Kerne zu entfernen. Kühl stellen.
**5** Für die Aprikosensauce die Aprikosen halbieren, entsteinen und in Schnitze schneiden.
**6** Den Weisswein und den Zucker in eine eher weite Pfanne geben und aufkochen. Die Aprikosen hineingeben und zugedeckt weich kochen. Im Sud erkalten lassen. Dann mitsamt Flüssigkeit pürieren. Ebenfalls kühl stellen.
**7** Zum Servieren die Form oder die Förmchen mit dem Pudding kurz in heisses Wasser stellen, den Pudding stürzen und mit je etwas Himbeer- und Aprikosensauce umgiessen. Den Rest der beiden Saucen separat dazu servieren.

# Kaffeeglace

«Semifreddo» – Halbgefrorenes – nennt sich diese köstliche Eisspezialität im Italienischen. Man sollte den Namen als Hinweis nehmen, die Glace niemals hart gefroren zu servieren, sondern rechtzeitig im Kühlschrank antauen zu lassen. Traditionell wird die Kaffeeglace in Italien im hohen Glas serviert, aber man kann sie gut auch in einer Cakeform gefrieren und in Tranchen aufgeschnitten anrichten.

Ergibt 8–10 Portionen

4 Eigelb
200 g Zucker
1 kleine Tasse sehr starker Kaffee (ca. 80 ml)
400 ml Rahm
3 Eiweiss
1 Päckchen Bourbon-Vanillezucker

1 Eine Cake- oder Terrinenform mit Klarsichtfolie auslegen; am besten geht dies, wenn man die Folie auf einer Seite mit Wasser benetzt.
2 Die Eigelbe mit der Hälfte des Zuckers zu einer hellen, dicklichen Creme aufschlagen.
3 Den restlichen Zucker mit dem Kaffee in einem Pfännchen bei milder Hitze auflösen. Unter die Eicreme rühren.
4 Den Rahm steif schlagen und sorgfältig unter die Kaffeecreme heben.
5 Die Eiweisse mit dem Vanillezucker steif schlagen und ebenfalls darunter ziehen. Die Masse in die vorbereitete Form füllen und mindestens 3 Stunden gefrieren lassen.
6 Das «Semifreddo» etwa ½ Stunde vor dem Servieren aus dem Tiefkühler nehmen und im Kühlschrank leicht antauen lassen. Nach Belieben mit Schokolade-Kaffeebohnen oder Schokoladespänen garnieren.

# Marinierte Erdbeeren

Dieses feine Erdbeerkompott ist leicht und bekömmlich: Die Beeren werden zuerst mit Zucker und Rotwein mariniert, und anschliessend kocht man den entstandenen Saft sirupartig ein. Wünscht man das Dessert etwas gehaltvoller, serviert man flaumig geschlagenen Vanillerahm oder Glace dazu.

Für 4–5 Personen

750 g Erdbeeren
4 Esslöffel Zucker
300 ml Chianti classico
1 Streifen dünn abgelöste Zitronenschale

1 Die Erdbeeren waschen, rüsten und je nach Grösse halbieren oder vierteln. In eine Schüssel geben und mit dem Zucker bestreuen. Bei Zimmertemperatur 1 Stunde Saft ziehen lassen.
2 Den Rotwein dazugiessen. Die Erdbeeren zugedeckt im Kühlschrank weitere 6 Stunden ziehen lassen.
3 Die Rotweinmarinade sorgfältig in ein Pfännchen umgiessen. Die Zitronenschale beifügen. Die Flüssigkeit leicht sirupartig einkochen, dann auskühlen lassen.
4 Zum Servieren die Erdbeeren in Dessertschalen anrichten und mit der Sauce überziehen.

## Marsala-Pfirsiche mit Mascarpone

Für dieses Dessert werden die Pfirsiche im Ofen an einem Marsalajus gebacken, anschliessend mit dem eingekochten Saft mariniert und mit einer Mascarpone-Joghurt-Creme serviert. Auf die gleiche Weise kann man auch Aprikosen oder Zwetschgen zubereiten; in diesem Fall beträgt die Backzeit allerdings nur etwa 15 Minuten.

Für 4–6 Personen

6 gelbe Pfirsiche
50 g Zucker für den Jus
300 ml Marsala
1 Vanillestengel
1–2 Esslöffel Zitronensaft
150 g Mascarpone
150 g Joghurt nature
2 Teelöffel Zucker
1 Päckchen Bourbon-Vanillezucker

1 Die Pfirsiche halbieren und den Stein entfernen. Dann die Früchte 30 Sekunden in kochendes Wasser geben, herausheben und die Haut abziehen. Mit der Wölbung nach oben in eine feuerfeste Form geben.
2 Den Zucker, den Marsala, den der Länge nach aufgeschlitzten Vanillestengel und den Zitronensaft in ein Pfännchen geben und aufkochen. Den Jus über die Pfirsiche verteilen.
3 Die Pfirsiche auf der zweituntersten Rille im auf 180 Grad vorgeheizten Ofen je nach Reifegrad der Früchte 20–30 Minuten backen. Die Pfirsiche herausheben und auf eine weite Schüssel oder Platte geben. Den Marsalajus in ein Pfännchen umgiessen.
4 Den Jus auf grossem Feuer auf etwa 150 ml einkochen lassen. Wenn nötig mit etwas Zitronensaft abschmecken. Über die Pfirsiche geben. Erkalten lassen.
5 Zum Servieren den Mascarpone mit dem Joghurt, dem Zucker und dem Vanillezucker glatt rühren. Separat zu den Pfirsichen servieren.

# Rotweinfeigen mit Amarettocreme

In Rotwein sanft gegarte Feigen werden mit einer luftigen Mascarponecreme serviert, die mit Amaretto parfümiert ist (siehe auch Tipp). Essen Kinder mit, kann man den Likör in der Creme auch weglassen und sie stattdessen mit Bourbon-Vanillezucker aromatisieren. Auf die gleiche Weise lassen sich übrigens Zwetschgen – auch tiefgekühlte – oder Brombeeren zubereiten.

Für 4–6 Personen

300 ml Rotwein
1 Esslöffel Zitronensaft
100 g Zucker
9 Feigen
1 Vanillestengel
3 Eigelb
150 g Mascarpone
50 ml Amaretto (Bittermandellikör)
200 ml Rahm
3 Esslöffel Mandelblättchen

1 Den Rotwein, den Zitronensaft und die Hälfte des Zuckers in eine eher weite Pfanne geben und aufkochen. 2–3 Minuten kochen lassen.

2 Inzwischen die Feigen sorgfältig waschen und halbieren. In den Rotweinsud geben und auf kleinstem Feuer zugedeckt knapp weich garen; je nach Reifegrad der Früchte dauert dies knapp 5 bis gut 10 Minuten. Im Sud auskühlen lassen.

3 Für die Amarettocreme den Vanillestengel der Länge nach aufschlitzen, die Samen herauskratzen und diese zu den Eigelben geben. Den restlichen Zucker beifügen und alles zu einer hellen, dicklichen Creme aufschlagen. Den Mascarpone und den Amaretto darunter mischen; dazu auf keinen Fall das Handrührgerät oder die Küchenmaschine verwenden, weil der Mascarpone ausflockt, wenn er zu stark gerührt wird.

4 Den Rahm steif schlagen und unter die Creme ziehen. Kühl stellen.

5 Die Mandelblättchen in einer trockenen Pfanne ohne Fettzugabe hellbraun rösten.

6 Die Feigen und etwas Sud in Dessertschalen anrichten. Mit den Mandelblättchen bestreuen. Die Amarettocreme separat dazu servieren.

**Tipp:** Amaretto ist wohl der bekannteste und beliebteste aller italienischen Liköre. Wie das gleichnamige Gebäck – die Amaretti – wird der Likör auf der Basis von Bittermandeln hergestellt; dazu kommen würzige Kräuter sowie Fruchtauszüge. In Italien ist Amaretto ein beliebter Digestif nach dem Essen, wird aber auch zum Aromatisieren vieler Desserts verwendet.

## Sommerfrüchte mit Wassermelonenjus

Im Süden sind Wassermelonen vor allem beliebt als Durstlöscher an heissen Tagen. Aus ihrem saftigen, fast wässrigen Fruchtfleisch lässt sich aber auch ein erfrischendes Dessert zubereiten. Dazu wird ein Teil der Melone püriert und als Sauce mit Sommerfrüchten gemischt. Die Auswahl der Früchte und Beeren kann übrigens beliebig variiert werden.

Für 6 Personen

50 ml Wasser
50 g Zucker
1 Esslöffel Zitronensaft
1 kg Wassermelone (mit der Schale gewogen)
3 Pfirsiche
3 Nektarinen
6 Aprikosen
150 g Heidelbeeren nach Belieben
einige Pfefferminzblättchen

**1** Wasser und Zucker in ein Pfännchen geben und aufkochen. Vom Herd ziehen und den Zitronensaft beifügen.
**2** Die Wassermelone halbieren. Das Fruchtfleisch von der Schale schneiden, entkernen und schwammiges Fleisch sowie Fasern entfernen. Die eine Melonenhälfte in Stücke schneiden und im Mixer oder mit dem Stabmixer pürieren. Den vorbereiteten Zuckersirup beifügen. Die andere Melonenhälfte in kleine Würfel schneiden und in eine Schüssel geben.
**3** Pfirsiche und Nektarinen kurz in kochendes Wasser tauchen, schälen, halbieren, entsteinen und in Schnitzchen schneiden. Zu den Wassermelonenwürfeln geben.
**4** Die Aprikosen waschen, halbieren, entsteinen und ebenfalls in Schnitzchen schneiden. Zu den übrigen Früchten geben. Den Wassermelonenjus darüber giessen und alles sorgfältig mischen. Mindestens 1 Stunde kühl stellen.
**5** Die Heidelbeeren nur wenn nötig waschen und verlesen.
**6** Den Fruchtsalat in Schalen anrichten, mit Heidelbeeren bestreuen und nach Belieben mit Pfefferminzblättchen garnieren.

# Provenzalische Pfirsichtarte

Ein Sommerkuchen, wie es ihn köstlicher kaum gibt: Ein Mürbeteig wird mit vollreifen Pfirsichen belegt, mit Pinienkernen und Pistazien bestreut, nach dem Backen mit Quittengelee glasiert und mit Vanillerahm serviert.

Ergibt etwa 12 Stück

Mürbeteig:
275 g Mehl
1 gehäufter Esslöffel Zucker
1 Prise Salz
150 g kalte Butter
1 Eigelb
4 Esslöffel kaltes Wasser

Belag:
1 gehäufter Teelöffel Griess
6 gelbe Pfirsiche
25 g Pinienkerne
25 g Pistazienkerne
20 g Puderzucker
75 g Quittengelee

Zum Servieren:
300 ml Crème fraîche
1 Vanillestengel

1 Das Mehl, den Zucker und das Salz in einer Schüssel mischen. Die Butter in Flocken dazuschneiden. Dann alles zwischen den Fingern bröselig reiben. Das Eigelb mit dem kalten Wasser verrühren und beifügen. Die Zutaten rasch zu einem glatten Teig zusammenkneten, zu einer Kugel formen und in Klarsichtfolie gewickelt etwa 30 Minuten kühl stellen.

2 Ein Kuchenblech oder eine Quicheform von etwa 26 cm Durchmesser ausbuttern und mit etwas Mehl bestäuben.

3 Den Teig zwischen Klarsichtfolie etwas grösser als die Form ausrollen. Die obere Folie abziehen und den Teig mit Hilfe der zweiten Folie in die Form «stürzen». Die zweite Folie entfernen. Den Teigrand zurechtschneiden und wenn nötig mit den Fingerspitzen nachformen. Den Boden mit einer Gabel regelmässig einstechen. Den Griess darauf ausstreuen und die Form kühl stellen.

4 Die Pfirsiche kurz in kochendes Wasser tauchen, kalt abschrecken, halbieren, den Stein entfernen, die Früchte schälen und in Schnitze schneiden. Kreisförmig auf dem Teigboden auslegen. Die Pinien- und Pistazienkerne grob hacken und die Früchte damit bestreuen. Den Puderzucker darüber sieben.

5 Die Tarte im auf 220 Grad vorgeheizten Ofen auf der untersten Rille etwa 30 Minuten backen.

6 Den Quittengelee in einem Pfännchen erwärmen. Die Tarte aus dem Ofen nehmen und noch heiss mit dem Gelee bestreichen.

7 Zum Servieren die Crème fraîche glatt rühren. Den Vanillestengel der Länge nach aufschlitzen und die herausgekratzten Samen zur Crème fraîche geben.
Separat zur Tarte servieren.

# Ricottakuchen

Ricotta ist ein quarkähnlicher Frischkäse, der in der Konsistenz jedoch deutlich trockener ist als dieser. Wird der Kuchen mit Quark zubereitet, lässt man diesen in einem mit Gazetuch ausgelegten Sieb einige Stunden abtropfen; unbedingt so genannten Naturquark verwendet, der keine Bindemittel enthält, sonst kann die Flüssigkeit nicht austreten. Den Ricottakuchen, den man übrigens auch als Portionenküchlein backen kann (siehe Bild), nach Belieben mit Beeren oder einem Früchtekompott servieren.

Ergibt 12 Stück

Mürbeteig:
200 g Mehl
4 Esslöffel Zucker
100 g Butter
1 Ei

Belag:
300 g Ricotta
3 Eigelb
60 g Zucker
½ Teelöffel Backpulver
abgeriebene Schale von 1 Zitrone
3 Eiweiss

**1** Das Mehl und den Zucker in einer Schüssel mischen. Die Butter in Flocken dazuschneiden. Zwischen den Fingern zu einer bröseligen Masse reiben. Das Ei beifügen. Die Zutaten rasch zu einem glatten Teig zusammenkneten; je nach Grösse des Eis muss eventuell 1–2 Esslöffel kaltes Wasser beigegeben werden. Den Teig zu einer Kugel formen und in Klarsichtfolie gewickelt etwa 1 Stunde kühl stellen.
**2** Den Backofen auf 180 Grad vorheizen. Ein Wähenblech oder eine Quicheform von 22–24 cm Durchmesser leicht ausbuttern.
**3** Den Teig auf der leicht bemehlten Arbeitsfläche etwas grösser als die Form ausrollen und diese damit auslegen. Den Teig leicht andrücken. Überstehenden Teig dem Rand entlang wegschneiden. Den Boden mit einer Gabel regelmässig einstechen. Nochmals kurz kühl stellen.
**4** Inzwischen für den Belag Ricotta, Eigelbe und Zucker zu einer luftigen Masse rühren. Das Backpulver und die Zitronenschale beifügen.
**5** Die Eiweisse steif schlagen. Den Eischnee sorgfältig unter die Ricottamasse ziehen. Diese auf den Teigboden geben und glatt streichen.
**6** Den Ricottakuchen sofort im 180 Grad heissen Ofen auf der untersten Rille 40–45 Minuten backen (kleine Küchlein etwa 20 Minuten). Auskühlen lassen.

# Kleine Früchtebiskuits

Es muss nicht immer ein grosser Kuchen sein: Genauso gut und erst noch dekorativ anzuschauen sind diese Miniküchlein, die man mit Früchten belegt. Gebacken werden sie in Pralinenförmchen aus Papier, in denen sie auch serviert werden.



Ergibt etwa 30 Stück

200 g Butter
ca. 30 Papier-Pralinenförmchen
4 Eier
175 g Zucker
2 Päckchen Bourbon-Vanillezucker
abgeriebene Schale von 1 Zitrone
200 g Mehl
2 Teelöffel Backpulver
ca. 300 g Früchte (z. B. Himbeeren, Johannisbeeren, Aprikosen- oder Zwetschgenhälften, Pfirsichschnitzchen)
Puderzucker zum Bestäuben

1 Die Butter schmelzen. Mit einem kleinen Teil davon die Papier-Backhülsen dünn ausstreichen. Die restliche Butter leicht abkühlen lassen.
2 Inzwischen die Eier, den Zucker und den Vanillezucker zu einer hellen, dicklichen Creme aufschlagen. Die Zitronenschale darunter mischen.
3 Das Mehl und das Backpulver mischen und auf die Eicreme sieben. Sorgfältig unterziehen. Zuletzt die noch flüssige Butter unter den Teig heben.
4 Den Teig in die vorbereiteten Papier-Pralinenförmchen füllen und mit Früchten nach Belieben, auch gemischt, belegen. Die Förmchen auf ein Backblech setzen.
5 Die Biskuits sofort im auf 200 Grad vorgeheizten Ofen auf der zweituntersten Rille 12–15 Minuten hellbraun backen.
6 Die Früchtebiskuits lauwarm oder ausgekühlt mit Puderzucker bestäuben und in den Papierförmchen servieren.

**Tipp:** Man kann die Früchte auch erst nach 5 Minuten Backzeit auflegen, dann versinken sie garantiert nicht mehr im Teig. Ob sie dies tun, hängt von der Sorte, aber auch von der Menge Früchte ab, mit denen man die Biskuits belegt.

# Rezeptverzeichnis

**Süsse Versuchung**